Syed Adnan Afaq
Mohammad Faisal

Um quadro para uma gestão adaptativa e eficiente da mudança de requisitos

Syed Adnan Afaq
Mohammad Faisal

Um quadro para uma gestão adaptativa e eficiente da mudança de requisitos

ScienciaScripts

Imprint

Cover image: www.ingimage.com

This book is a translation from the original published under ISBN 978-620-8-11756-6.

Publisher:
Sciencia Scripts
is a trademark of
Dodo Books Indian Ocean Ltd. and OmniScriptum S.R.L publishing group

120 High Road, East Finchley, London, N2 9ED, United Kingdom
Str. Armeneasca 28/1, office 1, Chisinau MD-2012, Republic of Moldova, Europe
Managing Directors: Ieva Konstantinova, Victoria Ursu
info@omniscriptum.com

Printed at: see last page
ISBN: 978-620-8-38584-2

Capítulo -1: Introdução

1.1 Análise dos antecedentes

Nas últimas décadas, o mundo tem sofrido uma tremenda e contínua transformação sociológica, económica e cultural. A globalização económica, a reorganização das estratégias geopolíticas e a crescente dependência de produtos de software avançados devido ao rápido progresso científico têm desempenhado um papel crucial. Devido ao rápido avanço da investigação científica e ao crescimento da tecnologia da informação, as empresas foram obrigadas a implementar plataformas de software adicionais para atingir objectivos comerciais e realizar operações utilizando práticas modernas de TI. As mudanças no comportamento das empresas são altamente susceptíveis de falhar devido à evolução contínua da tecnologia ou das tendências de globalização. Na atual era da digitalização competitiva, esta transformação representa um risco potencial para as empresas.

Neste tipo extremo de mundo competitivo, ter de lidar com a mudança nos negócios, a adaptabilidade, a capacidade de ajustar e implementar novas estratégias e a capacidade de fornecer produtos inovadores constantemente são desafios significativos para a sustentabilidade dos negócios. No desenvolvimento de qualquer novo produto, processo ou serviço, o principal objetivo deve ser a promoção da inovação, o início do desenvolvimento de novos projectos e a aquisição de uma consciência profunda da dinâmica do mercado, ao mesmo tempo que se formulam estratégias para responder e adaptar-se eficazmente à evolução das condições do mercado. A competitividade no mundo dos negócios é uma das repercussões desta mudança. As organizações enfrentam enormes obstáculos à medida que a dependência dos pacotes de software aumenta, de acordo com o contexto socioeconómico dinâmico. A elevada dependência do software conduziu a um aumento significativo da indústria do software a nível mundial. Para uma nação, este tipo de crescimento tremendo na indústria do software catalisa o seu desenvolvimento económico.

De acordo com a norma IEEE 610.12-1990, "a engenharia de software é a aplicação de uma abordagem sistemática, disciplinada e quantificável ao desenvolvimento, operação e manutenção de software; ou seja, a aplicação da engenharia ao software"(Thayer 2003).

Este conceito inclui a importância de aplicar uma abordagem estruturada e organizada ao desenvolvimento de software, realçando a necessidade de um processo sistemático e mensurável para a criação e manutenção de software. Além disso, a definição sugere que a engenharia de software é muito mais do que o desenvolvimento de código; inclui também o suporte e a

manutenção contínuos dos sistemas de software.
No mundo atual, o avanço tecnológico e as suas aplicações são essenciais em todos os aspectos da vida humana. Transformou significativamente a forma como as empresas são conduzidas atualmente. O sector das TI é composto por três componentes: hardware, software e serviços, bem como serviços de tecnologias da informação. O sector do software desempenha um papel vital no crescimento e desenvolvimento de todos os países do mundo. Neste contexto, existe também o sector do software, uma indústria de um bilião de dólares que exerce uma influência diária substancial no crescimento contínuo da economia global. Não só tem servido para criar emprego em grande escala em vários países, como também tem ajudado as nações emergentes a aproximarem-se dos Estados desenvolvidos. O negócio do software parece estar a passar um bom momento num ramo com todas as vantagens. No entanto, não é um facto; a indústria do software enfrenta vários problemas durante o desenvolvimento do software e mesmo após a sua implementação. Estes problemas referem-se a muitas falhas de projectos, entregas tardias de projectos, derrapagens orçamentais e fraca fiabilidade, o que resulta na insatisfação dos clientes. A indústria do software desafia constantemente a crescente procura de qualidade, produtividade e entrega atempada dos produtos. As empresas de desenvolvimento de software deparam-se frequentemente com desafios significativos na conclusão de projectos dentro do orçamento e dos prazos especificados. Verificou-se que o software e as suas aplicações se tornaram uma parte essencial da vida quotidiana. Está em todo o lado; as pessoas dependem do software por várias razões. Simultaneamente, a densidade crescente de produtos de software torna tudo ainda mais complicado.
De acordo com o relatório Standish (2015), apenas 39% dos projectos são bem sucedidos, concluídos dentro do prazo, abaixo do orçamento e de acordo com as especificações; 43% são postos em causa e 18% nunca são utilizados, sendo por isso abandonados (Hastie e Wojewoda 2015). Apesar de vários projectos falharem, os projectos são considerados como componentes essenciais nas empresas. A principal razão subjacente a estes resultados é a incapacidade do gestor de projectos para lidar com a mudança (Eweje et al. 2012). Além disso, não existe uma definição consensual de mudança na literatura sobre gestão de projectos. Alguns projectos continuam a falhar apesar de terem todos os elementos de sucesso (Shenhar et al. 2001). Isto deve-se ao facto de os administradores, os chefes de projeto e os criadores não estarem habituados a examinar e avaliar as incógnitas. Por este motivo,

os gestores não foram capazes de adaptar os estilos de gestão existentes ao ambiente novo e dinâmico (Samset e Volden 2016).
Atualmente, é comum ver muitos projectos falharem. Os projectos de software são conhecidos por serem propensos ao fracasso, nem sempre devido a erros técnicos, mas mais frequentemente devido à mudança. A palavra "mudança" pode ser definida como uma "falta de inevitabilidade" que implica uma falta de informação. Consequentemente, inclui resultados estocásticos ou indefinidos e uma falta de clareza e imprecisão sobre uma vasta gama de factores. A mudança representa principalmente a ambiguidade e a imprecisão de um projeto (Nasirzadeh et al. 2014). Diferentes estratégias de gestão de projectos ignoram o efeito da mudança na gestão de projectos de software. Os níveis de mudança em projectos de software estão intrinsecamente ligados à quantidade de informação disponível sobre o projeto em questão (Uusitalo et al. 2015).
Existem vários factores de sucesso e de fracasso nas iniciativas de engenharia de software. Os fracassos dos projectos de software podem ser atribuídos à falta de contribuições dos utilizadores, a especificações insuficientes e a prioridades instáveis, conforme sugerido por (Sommerville & Sawyer, 1997 Dusire et al., 2002).
Durante o desenvolvimento de um projeto, os requisitos podem ser alterados ou modificados. Este facto é conhecido como Alteração de Requisitos. As alterações nos requisitos dos utilizadores, um melhor conhecimento das exigências das partes interessadas, a reorganização organizacional e as novas tecnologias podem conduzir a alterações. Estas alterações podem ocorrer durante a elicitação, análise e validação dos requisitos e mesmo depois de o sistema ter sido implementado e posto em prática (Sudhakar, 2005 & Kulk 2008). As alterações nas especificações do projeto não só resultam em falhas no software, como também provocam atrasos. Nas últimas duas décadas, a eficiência e a consistência da investigação neste domínio aumentaram drasticamente. A gestão de projectos tornou-se uma atividade comercial importante para muitas empresas, tanto a nível técnico como político. As abordagens, procedimentos e ferramentas de gestão de projectos de desenvolvimento de software tornaram-se comuns depois de o processo de desenvolvimento ter atingido um determinado nível de dificuldade e desafio. As organizações de software normalmente tratam ou apoiam o processo de desenvolvimento de projectos como um projeto periódico que deve ser planeado, supervisionado e regulamentado.

1.2 Necessidade e importância do estudo

No ciclo de vida do desenvolvimento de software (SDLC), a engenharia de requisitos (ER) é a etapa mais importante, uma vez que só os requisitos podem descrever com exatidão as capacidades de um sistema de software. Uma subdisciplina da engenharia de software, a ER determina os objectivos, as funcionalidades e os limites dos sistemas de hardware e software". De acordo com os relatórios, a ER é uma fase limitada no tempo que recebe pouco mais de 2 a 4% do esforço global do projeto.
Os sistemas de software estão a tornar-se cada vez mais complicados, com requisitos de sistema que podem ser alterados em qualquer altura do ciclo de vida do desenvolvimento. O ciclo de vida de desenvolvimento de software (SDLC) tem demonstrado ter um impacto significativo no sucesso ou fracasso de qualquer projeto devido à constante alteração dos requisitos. As tecnologias da informação evoluíram e tornaram-se numa potente ferramenta empresarial. A sua evolução permitiu às empresas obter uma vantagem competitiva (Xiang et al. 2015).
Atualmente, as organizações enfrentam muitos mercados competitivos que exigem decisões rápidas, otimização da afetação de recursos e uma clara definição de objectivos (Pinheiro de Almeida et al. 2015). O mesmo acontece no desenvolvimento de projectos de software. São propostos números consideráveis de diferentes tipos de projectos, cada um com as suas próprias metas que exigem um planeamento estratégico em conformidade com os objectivos acordados (Bradley, 2016).
Existem várias razões para a alteração dos requisitos. Por este motivo, os requisitos podem mudar. Algumas das causas críticas da mudança de requisitos são:

- Os promotores negligenciaram os requisitos
- Defeitos ou erros causados pelo refinamento dos requisitos
- Ambiguidade das especificações
- Falta de envolvimento significativo das partes interessadas
- Mudança das prioridades organizacionais
- Dinâmica do mercado e concorrentes
- Estabelecimento de novas leis e regulamentos comerciais
- Alterações ambientais

Os principais factores que contribuem para o fracasso de um projeto de software são os clientes ou partes interessadas insatisfeitos, os atrasos no calendário e os custos excessivos. De acordo com o relatório sobre o caos (Hastie e Wojewoda 2015) quase 49% dos projectos de software são confrontados e quase 42% falham. Vários relatórios mostram que a alteração dos requisitos e a má gestão dos requisitos são as principais razões para o fracasso dos projectos de software. O relatório especifica ainda que quase 50% dos projectos falham devido a um mau processo de engenharia de requisitos. Muitos académicos afirmaram que, devido a alterações nos requisitos, há um aumento da taxa de projectos de software falhados (Liu et al. 2011). Consequentemente, a mudança de requisitos é vista como um elemento indesejável. No entanto, foi sugerido que as necessidades dos utilizadores devem ser devidamente tidas em conta, porque o utilizador pode cancelar o projeto se o requisito pretendido não for incluído no projeto no início do seu desenvolvimento (Taylor et al., 2012).

O Standish Group afirma que os requisitos são a principal causa das ameaças e falhas dos projectos de software. De acordo com uma análise aprofundada, 82% dos custos de revisão são gastos a resolver deficiências de requisitos, 13% a corrigir erros de conceção e 1% a corrigir erros de codificação. De acordo com o Instituto de Ciências dos Sistemas da IBM (Chen et al. 2016)o custo de encontrar e corrigir erros de software aumenta exponencialmente à medida que o processo de desenvolvimento avança. A correção de erros no software é simultaneamente dispendiosa e difícil. O preço não é apenas em termos de perdas actuais, mas também em termos de potenciais oportunidades perdidas.

Existem várias razões para que estas alterações ocorram, incluindo: (1) as partes interessadas reavaliam o documento de requisitos, o que leva ao desejo de algo diferente; (2) as partes interessadas avaliam o protótipo, o que leva ao desejo de algo ligeiramente diferente; (3) alterações no ambiente em que o sistema é utilizado; e (4) requisitos dos clientes que são completamente diferentes. Ao considerar uma alteração a um requisito, é fundamental compreender claramente o impacto que a alteração teria nas normas definidas ou no projeto como um todo. É necessário confirmar que o sistema continua a funcionar corretamente após a instalação destas alterações.

A Engenharia de Requisitos é a primeira parte do processo de conceção de software para definir o comportamento e as restrições futuras do sistema, exploradas através da Engenharia de Requisitos. "Engenharia de requisitos (RE) para compreender os objectivos esperados do sistema de software." O objetivo da engenharia de requisitos é garantir que a equipa de desenvolvimento do produto cria um sistema que satisfaz as necessidades do utilizador.

A engenharia de requisitos inclui as seguintes actividades:

- **Elicitação de requisitos:** Envolve a identificação das partes interessadas e a recolha de requisitos através de várias técnicas, como entrevistas, inquéritos, observação e workshops.

- **Análise dos requisitos:** Trata-se de analisar os requisitos recolhidos para identificar a sua correção, integridade, consistência e viabilidade. Também envolve a atribuição de prioridades aos requisitos com base na sua importância e impacto.
- **Especificação dos requisitos**: O processo de documentação dos requisitos implica a sua apresentação de uma forma que seja fácil de compreender, breve e inequívoca, utilizando diferentes técnicas como casos de utilização, histórias de utilizadores e requisitos funcionais.
- **Validação dos requisitos:** O processo implica validar se os requisitos satisfazem os requisitos das partes interessadas e se são completos, coerentes e realistas. Para tal, podem ser utilizadas várias abordagens, tais como avaliações, inspecções e criação de protótipos.
- **Gestão de requisitos:** Trata-se de acompanhar as alterações aos requisitos, assegurar que as alterações são rastreáveis e gerir conflitos e compromissos entre diferentes requisitos.

De acordo com o relatório CHAOS, a taxa de insucesso do software é definida como a percentagem de projectos de software que não atingem os resultados esperados ou são cancelados antes da conclusão. O relatório define o fracasso do projeto como os projectos que excedem o seu orçamento, não cumprem os seus prazos ou não apresentam a funcionalidade esperada.

O Relatório CHAOS tem sido publicado periodicamente desde 1994, e as taxas de insucesso têm variado. Por exemplo, o Relatório CHAOS de 2018 indicou que apenas 29% dos projectos de software foram bem sucedidos, enquanto 19% foram considerados como fracassos e os restantes 52% foram considerados como contestados, o que significa que os projectos foram concluídos mas ultrapassaram o orçamento, o calendário ou não cumpriram todos os requisitos (Johnson, 2018).

De acordo com o Instituto de Ciências de Sistemas da IBM, o custo de identificar e corrigir vulnerabilidades de software aumenta exponencialmente à medida que o processo de desenvolvimento avança (IBM 2010). A retificação de erros de software é simultaneamente dispendiosa e complexa. A correção de falhas durante a fase de implementação é seis vezes mais dispendiosa do que durante a fase de conceção, e pode ser quinze vezes mais dispendiosa durante a fase de teste do que durante a fase de conceção, como indicado na Figura 1.1.

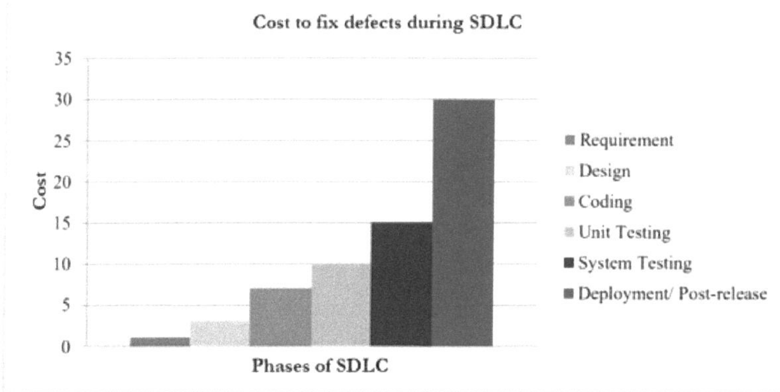

Figura 1.1: Custo relativo da correção de um defeito durante o SDLC

O Relatório CHAOS do Standish Group também segmentou os resultados por grandes, médias e pequenas empresas. O relatório concluiu que as empresas maiores tinham uma percentagem mais elevada de projectos bem sucedidos do que as mais pequenas (Hastie, S., & Wojewoda 2015). Aqui estão algumas das principais conclusões:

- *Grandes empresas:* De acordo com o Relatório CHAOS, as grandes empresas registaram uma taxa de sucesso de 32%, uma taxa de contestação de 44% e uma taxa de insucesso de 24%.
- *Médias empresas:* O relatório concluiu que as médias empresas registaram uma taxa de sucesso de 33%, uma taxa de contestação de 44% e uma taxa de insucesso de 23%.
- *Pequenas empresas*: O relatório concluiu que as pequenas empresas registaram uma taxa de sucesso de 28%, uma taxa de contestação de 52% e uma taxa de insucesso de 20%.

1.3 Impacto dos requisitos no desenvolvimento de software

O desenvolvimento de software baseia-se em requisitos ao longo de todo o ciclo de vida do desenvolvimento. O planeamento do projeto, a atribuição de recursos e a definição do calendário são todos influenciados pela compreensão e comunicação dos requisitos e expectativas do utilizador final. Uma gestão deficiente dos requisitos no desenvolvimento de software pode causar atrasos, derrapagens de custos e resultados insatisfatórios. Vários factores podem causar o fracasso do software. As melhorias nos processos de desenvolvimento e o sucesso do projeto dependem da compreensão destes aspectos. Eis alguns factores comuns que contribuem para o fracasso do software:

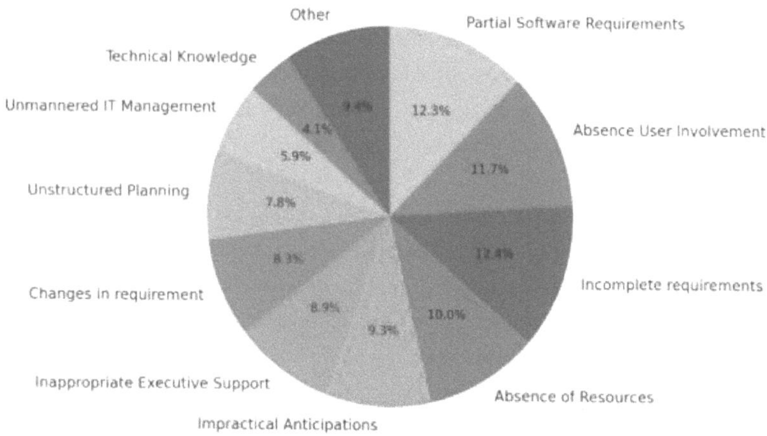

Figura: Factores de insucesso do projeto

A importância das alterações de requisitos torna-se cada vez mais evidente no ecossistema de software em constante mudança. Estas alterações são simples ajustamentos e uma resposta bem concebida para alinhar os projectos com as metas e objectivos em constante mudança que evoluem durante o complexo processo de desenvolvimento.

O relatório CHAOS fornece informações sobre os factores de sucesso e fracasso dos projectos e é frequentemente citado na indústria de desenvolvimento de software.

As mudanças no mercado fazem parte dos problemas enfrentados, indicando as necessidades e preferências em constante mudança dos clientes e a evolução do ambiente competitivo. A natureza dinâmica dos mercados exige uma abordagem flexível, e uma gestão eficiente da mudança de requisitos reconhece esta mudança, alinhando estrategicamente o processo de desenvolvimento para se adaptar rápida e habilmente às tendências emergentes e às mudanças nas expectativas dos utilizadores.

1.4 Questão de investigação

Nas décadas anteriores, observou-se que as indústrias de software efectuavam mudanças regulares em resposta aos desafios que enfrentavam para acompanhar as exigências do mercado. As indústrias de software são influenciadas pelo desenvolvimento de projectos de software para digitalizar as actividades organizacionais. O desempenho da indústria de software está intrinsecamente ligado à execução bem sucedida de projectos de software. A entrega rápida e económica de software está intimamente ligada ao calibre dos requisitos especificados. É um desafio ter requisitos precisos devido às mudanças presentes nos requisitos durante a fase inicial do desenvolvimento do software. Por isso, as indústrias de software estão a fazer alterações frequentes para resolver os problemas decorrentes das mudanças. Na sequência da discussão anterior, apresentam-se a seguir as várias questões de investigação que nos orientarão para a realização deste trabalho de investigação:

RQ1: Quais são as causas das alterações dos requisitos de software?

RQ2: Quais são os atributos das alterações de requisitos?

RQ3: Como é que a priorização dos requisitos muda quando os requisitos são alterados? RQ4: Como é que a alteração dos requisitos afecta o tempo, o custo e os recursos humanos?

1.5 Definição do problema

A investigação prospetiva envolve a identificação de potenciais desafios ou problemas num determinado domínio e o desenvolvimento de soluções para os resolver. Para o fazer eficazmente, os investigadores devem identificar as lacunas entre os procedimentos existentes e os resultados desejados. Essas lacunas podem ser tecnológicas ou qualitativas. O objetivo da investigação prospetiva é colmatar essas lacunas através do desenvolvimento de novas tecnologias, processos ou metodologias que possam melhorar a qualidade e a eficácia dos procedimentos existentes. O objetivo final é resolver os desafios da investigação através do desenvolvimento de soluções inovadoras que preencham as lacunas de investigação identificadas.

Para descrever a especificação do problema, podem ser utilizadas várias afirmações vitais:

- Uma análise da literatura relevante revela que não existe uma metodologia disponível para confirmar a fiabilidade do documento de requisitos de um projeto de software durante a sua fase de desenvolvimento.
- Nenhuma estratégia ou método pode criar um documento de definição de requisitos praticamente imutável.
- Requisitos A qualidade do software é diretamente afetada pela mudança, que é uma causa fundamental de fracasso do software (Boehm 2006). Por conseguinte, a mudança deve ser tratada desde o início do processo de desenvolvimento do software.

1.6 Objectivos da investigação

O domínio da engenharia de requisitos tem sido objeto de muitos novos estudos e investigação nas últimas três décadas e continua a ser um dos tópicos mais falados e escritos na gestão da mudança de requisitos atualmente (Mohan et al. 2008). Uma das principais razões para este facto é que as variáveis de mudança se alteram ao longo do tempo devido ao avanço da tecnologia e ao crescimento das empresas. Além disso, conforme revelado pelo estudo de Standish (Johnson 2018), as taxas de insucesso dos projectos de software estão a aumentar. Como resultado, este tópico ainda está aberto a uma grande quantidade de pesquisas e análises empíricas. Com esse propósito, o presente estudo buscou desenvolver um framework que identifica as diversas formas de mudança de requisitos e sua relação. Os objectivos específicos desta tese são:

- Revisão da literatura.
- Identificar as várias causas e atributos da mudança de requisitos.
- Analisar as alterações e propor um quadro para gerir as alterações de requisitos
- Implementação e validação do quadro proposto.

1.7 Metodologia de investigação

A metodologia de investigação engloba a abordagem, as estratégias e as técnicas utilizadas na realização de um estudo de investigação. Envolve o planeamento sistemático, a recolha de dados, a análise e a interpretação dos resultados para responder às questões de investigação ou atingir os objectivos da investigação.

A metodologia de investigação inclui o processo de fazer escolhas bem informadas relativamente à conceção da investigação, aos métodos de seleção dos participantes, às estratégias de recolha de dados e aos procedimentos de análise dos resultados. Tem igualmente em conta considerações éticas, medidas de validade e fiabilidade, limitações e âmbito do estudo. O objetivo da metodologia de investigação é garantir que o estudo de investigação seja rigoroso, credível e forneça resultados válidos e fiáveis (Pandey e Pandey 2021).

A investigação científica ou técnica requer um conjunto de procedimentos que criam uma base de informação muito alargada a partir da qual se pode trabalhar, permitindo aos investigadores concentrarem-se nos factos e números essenciais enquanto implementam, validam e divulgam as suas descobertas em vários tópicos.

- *Identificação do* problema *de investigação* - inclui a determinação da extensão e do objeto da investigação que deve ser realizada.
- *Revisão da literatura* - Inclui a elaboração de um diário que pode ser utilizado para avaliar a metodologia de investigação.
- *Especificar o objetivo da investigação - Identificar* e enunciar claramente a ideia principal subjacente ao estudo.

- *Determinar questões ou hipóteses de investigação específicas:* Identificar tópicos de investigação específicos e teorias que devem ser objeto de acordo antes de prosseguir.
- *Recolha de dados:* recolha e compilação de informações.
- *Analisar e interpretar os dados:* tirar conclusões corretas do esforço de estudo e dos dados acumulados.
- *Relatório e avaliação da investigação: O trabalho de investigação realizado é descrito em pormenor nesta secção.*

1.8 Contributos para a investigação

O presente estudo oferece as seguintes contribuições:

- Esta investigação revê e analisa exaustivamente as abordagens actuais à gestão da mudança de requisitos, incluindo os modelos e técnicas de processo disponíveis.
- Este trabalho de investigação apresenta um quadro centrado na abordagem das principais questões que decorrem das alterações de requisitos, com especial ênfase na identificação, priorização e gestão das alterações.
- O quadro proposto responde ao desafio de se adaptar aos requisitos de mudança ao longo da conceção do software.
- O quadro sugerido permitirá uma gestão eficaz dos requisitos num ambiente dinâmico e em evolução.

1.9 Esboço da tese

Esta tese é composta por sete capítulos. Os dois primeiros capítulos incluem informações contextuais e fundamentos teóricos pertinentes para a questão de investigação e os estudos associados. Os seis capítulos subsequentes da tese fornecem uma descrição abrangente da contribuição de investigação única dada por este esforço.

Capítulo -1: Introdução

Este capítulo apresenta os fundamentos da engenharia de software e da engenharia de requisitos. O capítulo fornece uma visão geral da investigação, esta tese é composta por sete capítulos. Os dois primeiros capítulos incluem informações contextuais e fundamentos teóricos pertinentes para a questão de investigação e os estudos associados. Os seis capítulos subsequentes da tese fornecem uma descrição exaustiva da contribuição única da investigação feita por este esforço.

Capítulo -2: Trabalhos relacionados

Este capítulo está estruturado de forma a avaliar exaustivamente o trabalho existente relacionado com os factores envolvidos e as causas da mudança de requisitos. A investigação de modelos recentes de exploração e das relações entre esses modelos e as construções identificadas já foi efectuada. Esta secção examinou as conclusões críticas da revisão da literatura, bem como a motivação para a realização da presente investigação.

Capítulo -3: Um quadro para a gestão sustentável das alterações dos requisitos

Este capítulo apresenta o quadro sugerido para a gestão das alterações dos requisitos. O quadro sugerido é composto por quatro componentes: Elicitação e análise de requisitos, identificação da alteração de requisitos, definição de prioridades para a alteração de requisitos e análise do impacto da alteração.

Capítulo -4: Análise exaustiva da alteração dos requisitos

Este capítulo examina as causas e os atributos das alterações de requisitos no desenvolvimento de software. Propõe uma ferramenta para a identificação de alterações em documentos de requisitos e efectua uma análise de interdependência para compreender as relações entre requisitos.

Capítulo 5: Priorização: Aproveitamento da lógica difusa para classificação de requisitos

Este capítulo explora uma série de técnicas eficazes para a priorização de requisitos em projetos de desenvolvimento de software. Ele apresenta uma abordagem baseada em fuzzy projetada explicitamente para priorizar requisitos alterados. Considerando os factores identificados, esta abordagem oferece um método abrangente e inteligente para atribuir prioridades para acomodar alterações, otimizar a utilização de recursos e garantir o sucesso do projeto.

Capítulo 6: Análise e validação do quadro proposto para o impacto da mudança

Este capítulo representa a análise do impacto das alterações e a validação de um quadro proposto utilizando uma máquina de estados finitos. O principal objetivo é examinar o processo de análise do impacto das alterações e a sua interação com três factores principais. Estes factores são analisados minuciosamente para compreender a sua influência na estrutura de análise global e na sua eficácia.

Capítulo -7: Conclusão e trabalho futuro

Este capítulo resume os resultados e as implicações e traça potenciais direcções futuras para uma maior exploração neste domínio. O capítulo não só apresenta as conclusões retiradas da investigação efectuada, como também destaca a importância e o potencial impacto dos resultados. Além disso, discute as vias para o trabalho futuro e sugere áreas que poderiam beneficiar de investigação e desenvolvimento adicionais.

Capítulo -2: Trabalhos relacionados

2.1 Introdução

Os produtos de software têm tido um impacto significativo em todos os aspectos da existência humana, seja no local de trabalho, no quotidiano ou em situações sociais. A aplicação destas soluções de software pode ser observada no local de trabalho, nos escritórios, em casa, na Internet, entre outros locais. Além disso, praticamente todos os equipamentos electrónicos possuem algum software, e a quantidade de software nos equipamentos electrónicos domésticos e de trabalho não pára de aumentar. Mesmo nos mais diversos sectores, o software é essencial para o funcionamento eficaz de praticamente todas as organizações. Inclui a educação comunitária, o sector industrial, a análise económica, o entretenimento, a investigação, os serviços financeiros e de saúde, entre outros.

2.2 Definições de Engenharia de Software

De acordo com o IEEE Std 610.12-1990 (IEEE Standard Glossary of Software Engineering Terminology), "a Engenharia de Software é definida como a aplicação ao desenvolvimento, operação e manutenção de software de uma abordagem sistemática, disciplinada e quantificável; ou seja, a aplicação da engenharia ao software" (Wahono, 2003).

A definição é dada por (Berry & Kamsties, 2004). é outra definição abrangente de engenharia de software que descreve os seus diferentes aspectos:

"A engenharia de software é um ramo da engenharia que utiliza uma abordagem metódica, disciplinada e mensurável, incorporando princípios da informática, do design, da engenharia, da gestão, da matemática, da psicologia, da sociologia e de outros domínios relevantes, para criar, desenvolver, operar e manter eficazmente soluções de software que sejam rentáveis, consistentemente precisas e de qualidade superior".

2.2.1 Engenharia de requisitos

A primeira etapa do processo de desenvolvimento de software consiste em definir o comportamento e as restrições desejadas para o sistema, o que é feito através da Engenharia de Requisitos.

A engenharia de requisitos é uma fase essencial do processo de desenvolvimento de software que se concentra na recolha, análise, registo e supervisão dos requisitos de um sistema de software. Implica compreender as expectativas e os desejos das partes interessadas, converter as exigências em requisitos precisos e garantir que o produto de software acabado cumpre esses requisitos (Weber et al., 2002).

Na sua essência, a engenharia de requisitos consiste em captar e comunicar eficazmente a funcionalidade, o desempenho e os atributos de qualidade desejados para o sistema de software. Adopta uma abordagem sistemática que engloba a elicitação, análise, definição, validação e gestão dos requisitos. A obtenção de requisitos consiste na recolha de informações junto das partes interessadas para compreender as necessidades e expectativas. Isto pode ser feito através de entrevistas, inquéritos, workshops e observações. O objetivo é identificar os requisitos funcionais e não funcionais e quaisquer restrições ou dependências que possam ter impacto na conceção e implementação do sistema (Goguen et al.,1993).
Saranya (Saranya, 2014) define "ER é definido como "um conhecimento dos objectivos a serem alcançados pelo sistema de software previsto". O objetivo da engenharia de requisitos é garantir que a equipa de desenvolvimento de produtos crie um sistema que satisfaça as necessidades dos utilizadores.
A engenharia de requisitos é um ramo da engenharia de software que se centra nos objectivos práticos, nas funcionalidades e nas restrições que os sistemas de software têm de cumprir. A relação entre estas métricas, as especificações precisas do comportamento do software e a alteração dos requisitos ao longo do tempo e entre grupos de software também é relevante" (Lapouchnian, 2005).
O principal objetivo da engenharia de requisitos é reunir as necessidades dos utilizadores e incorporar os requisitos nas operações de desenvolvimento de software. O impacto da engenharia de requisitos na engenharia de software tem uma grande base de estudos. A engenharia de requisitos diz respeito principalmente ao desenvolvimento e à gestão de requisitos (Ahmad S., 2020).

2.2.2 Especificação dos requisitos de software

O documento SRS é o documento fundamental que fornece uma visão global das especificações funcionais e não funcionais do desenvolvimento de software e ajuda o programador a compreender as necessidades do cliente. A maioria dos documentos exigidos (87,7%) é redigida em linguagem natural. O documento de requisitos de software pode ser inadequado e impreciso devido a exigências antigas ou em constante mudança do cliente, afectando a consistência do sistema de software.
O documento de especificação dos requisitos de software pode ser criado pelo programador ou pelo cliente. Um documento de requisitos muito bem elaborado é altamente benéfico para alcançar o objetivo desejado de um software eficaz dentro do prazo especificado. Também tem um impacto

negativo no software se não for criado com cuidado. É extremamente simples, económico e rápido corrigir as imprecisões detectadas no documento de requisitos. O número de erros pode ser reduzido através do tratamento correto destes documentos. A correção de problemas relacionados com os requisitos durante as fases de conceção, codificação ou implementação é uma operação dispendiosa e morosa (A. Davis et al., 1993). Um documento de requisitos que inclua requisitos funcionais e não funcionais é bom. Um requisito funcional, incluindo entradas e saídas, descreve o funcionamento de um sistema. Os requisitos não funcionais incluem uma descrição exaustiva da eficiência, segurança, fiabilidade, portabilidade e facilidade de manutenção.

2.2.3 Caraterísticas da especificação de requisitos de software

O documento SRS possui várias caraterísticas cruciais que contribuem para a sua eficácia e utilidade no desenvolvimento de software. Eis algumas das principais caraterísticas de uma SRS:

- Clara e inequívoca: A SRS deve ser redigida de forma inequívoca, evitando qualquer linguagem vaga ou ambígua. Deve fornecer descrições exactas dos requisitos de software, não deixando margem para interpretações ou interpretações erradas.
- Completo: O SRS deve englobar todos os requisitos necessários do sistema de software. O objetivo deve ser englobar de forma abrangente os requisitos funcionais e não funcionais, satisfazendo eficazmente as necessidades e os objectivos de todas as partes interessadas.
- Consistente: Os requisitos indicados no SRS devem ser coerentes em todo o documento. Não deve haver contradições ou conflitos entre diferentes secções ou requisitos. A consistência garante que a equipa de desenvolvimento de software pode confiar nas SRS como uma única fonte de verdade.
- Viabilidade: Os requisitos especificados no SRS devem ser técnica e economicamente viáveis. Os requisitos devem ter em conta os recursos disponíveis, as restrições tecnológicas e as limitações orçamentais ou de tempo.
- Testáveis: Os requisitos devem ser escritos de forma a permitir a sua verificação e validação através de testes. Cada requisito deve ser mensurável e ter critérios de aceitação específicos que possam ser utilizados para determinar se o sistema de software cumpre os requisitos declarados.
- Rastreável: O SRS deve permitir a rastreabilidade entre diferentes níveis

de requisitos. Deve permitir o rastreio de requisitos de alto nível para requisitos pormenorizados de nível inferior e vice-versa. Esta rastreabilidade ajuda a compreender a lógica subjacente a cada requisito e facilita a análise do impacto durante as alterações ou actualizações.

- Modificável: O SRS deve ser concebido para acomodar alterações e actualizações ao longo do ciclo de vida de desenvolvimento do software. Deve ser suficientemente flexível para incorporar modificações ou adições aos requisitos, assegurando que o documento se mantém atualizado e relevante.
- Prioridade: O SRS deve estabelecer prioridades para os requisitos com base na sua importância e criticidade. Deve indicar claramente quais os requisitos que são essenciais para a funcionalidade principal do sistema e quais são opcionais ou podem ser implementados em versões futuras.
- Compreensível: O SRS deve ser apresentado numa linguagem e estrutura fáceis de compreender por todas as partes interessadas, incluindo clientes, programadores, testadores e gestores de projeto. Deve evitar o jargão técnico ou a complexidade excessiva, assegurando que todas as partes possam compreender e interpretar os requisitos.
- Verificáveis: Os requisitos indicados nas SRS devem ser verificáveis, o que significa que podem ser validados objetivamente para garantir a sua satisfação. Isto pode ser conseguido através de várias técnicas de verificação, tais como inspecções, revisões, visitas guiadas ou testes.

Um documento SRS torna-se um ativo valioso para a equipa de desenvolvimento de software ao expressar estas caraterísticas. Serve como uma referência fiável para compreender, conceber, implementar e validar o sistema de software, contribuindo, em última análise, para a entrega bem-sucedida de um produto de software de alta qualidade que satisfaça as necessidades e expectativas das partes interessadas (Marques & Yelisetty, 2019).

De acordo com Wiegers, "a engenharia de requisitos é "o processo disciplinado de obter, analisar, documentar, validar e gerir os requisitos de um sistema". Wiegers sublinha que a engenharia de requisitos não é apenas uma atividade pontual, mas um processo contínuo que envolve todo o ciclo de vida de desenvolvimento de um sistema de software. O objetivo da engenharia de requisitos é garantir que o sistema de software satisfaz as necessidades dos seus intervenientes e fornece valor aos seus utilizadores. Este conceito fornece uma explicação bastante intuitiva da engenharia de requisitos e está fortemente ligado a dificuldades de representação, sociais e cognitivas (Wiegers & Beatty, 2013).

De acordo com Sommerville, a engenharia de requisitos consiste em "estabelecer as necessidades e as restrições dos intervenientes a satisfazer por um sistema ou produto de software". Sommerville sublinha a importância do envolvimento das partes interessadas ao longo do processo de engenharia de requisitos e a necessidade de uma comunicação e colaboração eficazes entre as partes interessadas (Sommerville et al., 1993).

Richard Thayer define a Engenharia de Requisitos (ER) como "a aplicação disciplinada de princípios, métodos, ferramentas e notações comprovados para descrever o comportamento pretendido de um sistema proposto e as suas restrições associadas".

A definição de Thayer enfatiza a importância de aplicar uma abordagem disciplinada e sistemática à ER, utilizando princípios, métodos e ferramentas bem estabelecidos para descrever o comportamento e as restrições de um sistema proposto. Esta abordagem ajuda a garantir que os requisitos são completos, não ambíguos, consistentes e testáveis.

A Thayer também salienta a necessidade de comunicação e colaboração contínuas com as partes interessadas ao longo do processo de ER para garantir que as necessidades e expectativas dos utilizadores são captadas e reflectidas nos requisitos. Ao utilizar uma abordagem disciplinada e colaborativa, Thayer acredita que a ER pode ajudar a reduzir os riscos do projeto, aumentar a probabilidade de sucesso do projeto e fornecer sistemas de software que satisfaçam as necessidades das partes interessadas(Thayer, 2002).

2.2.4 Actividades da engenharia de requisitos

A primeira etapa da engenharia de requisitos consiste em definir o problema e o seu âmbito. O passo seguinte no processo de desenvolvimento é a elicitação, onde as necessidades do cliente são definidas e os requisitos iniciais são desenvolvidos e aperfeiçoados (Ferreira Martins et al., 2019). A compreensão do problema pelo cliente é verificada e validada como último passo. Além disso, algumas alterações nas práticas de gestão de requisitos estão a ser implementadas para fornecer um rasto.

O processo de engenharia de requisitos (ER) é entendido como uma série de operações e transformações claramente definidas que são empregues para desenvolver requisitos e manter a especificação dos requisitos. Nos últimos vinte anos, surgiram e avançaram vários modelos de processos de ER (Jiang et al., 2008; Sommerville & Sawyer 1997, Pandey et al., 2010, & Rehman et al., 2013). Cada modelo de processo de engenharia de requisitos (ER) possui um nível único de detalhe e concentra-se em diferentes aspectos da engenharia de requisitos.

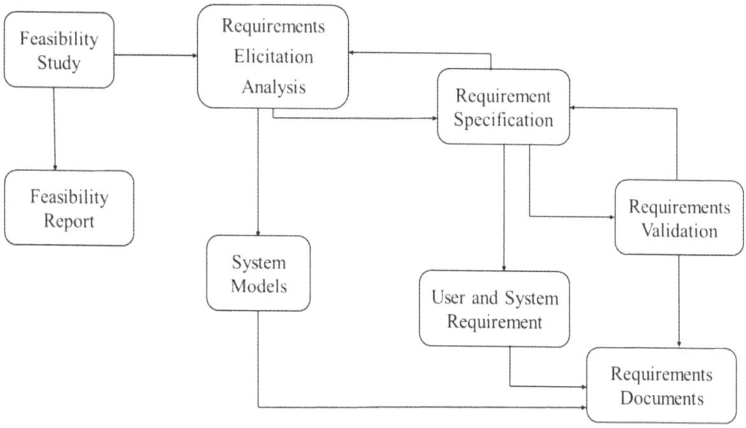

Figura 2.11: Diagrama do processo de ER

A Figura 2.11 mostra os processos envolvidos na engenharia de requisitos, tais como o estudo de viabilidade, Análise de elicitação de requisitos , especificação de requisitos, documentos de requisitos, verificação e validação de requisitos e gestão de requisitos.

1. **Estudo de viabilidade:** Um estudo de viabilidade é uma avaliação metódica da praticabilidade, viabilidade e realização provável de um projeto, empreendimento ou ideia propostos.

1.1 Relatório de viabilidade: Um relatório de viabilidade é um documento abrangente que avalia a praticabilidade e a viabilidade de um projeto proposto, fornecendo informações sobre os seus aspectos técnicos, económicos, operacionais e legais para ajudar os decisores a determinar se devem prosseguir com o projeto.

2. **Análise da Obtenção de Requisitos:** Existem dois métodos para elicitar requisitos de software ou adquirir informação: o primeiro envolve reuniões com os programadores e as partes interessadas, enquanto o segundo questiona os clientes sobre os seus requisitos e preferências (Tiwari et al., 2012). A obtenção de requisitos pode ser dividida em três fases distintas: recolha de factos e criação de conhecimentos. De acordo com as conclusões de Boehm, os requisitos, as especificações e as falhas de conceção constituem 64% dos requisitos do sistema, em comparação com 36% para as falhas de codificação. A elicitação de requisitos divide-se em três categorias:

a. **Problema de alcance**: O limite do dispositivo é ambíguo, permitindo a apresentação de informações desnecessárias e essenciais.
b. **Confusão das partes interessadas:** Existem problemas de compreensão entre as partes interessadas, tais como uma compreensão contraditória e/ou pouco explícita das necessidades.
c. **Alteração dos requisitos:** Os requisitos ou expectativas das partes interessadas variam ao longo do tempo. Como resultado, as esperanças e sonhos das partes interessadas podem não ser realizados.
d. **Identificação das partes interessadas:** As potenciais partes interessadas devem ser identificadas porque cada fase do projeto tem impacto direto ou indireto nas partes interessadas.
e. **Falta de envolvimento das partes interessadas:** Os requisitos são definidos por outra pessoa sem que as pessoas que irão utilizar o software que está a ser construído sejam especificamente envolvidas.
f. **Técnicas ineficazes de obtenção de requisitos:** Os engenheiros que não sabem como obter informações das pessoas podem acabar com requisitos errados que não satisfazem as necessidades das pessoas que utilizam o projeto(Chakraborty et al., 2010).
g. **Modelos de sistemas**: referem-se a representações abstractas de um sistema, frequentemente criadas com recurso a várias notações e ferramentas, para analisar, conceber e compreender sistemas complexos. Estes modelos ajudam as partes interessadas a visualizar os componentes, interações e comportamentos do sistema, ajudando no desenvolvimento, avaliação e comunicação do sistema.

3. **Especificação dos requisitos:** O processo de documentação dos requisitos implica a sua apresentação de uma forma que seja fácil de compreender, breve e inequívoca, utilizando diferentes técnicas como casos de utilização, histórias de utilizadores e requisitos funcionais.
4. **Requisitos do utilizador e do sistema:** Os requisitos do utilizador exprimem as necessidades e expectativas das partes interessadas em termos não técnicos, ao passo que os requisitos do sistema descrevem as especificações técnicas e os critérios de desempenho do software ou do sistema.
5. **Validação dos requisitos:** O processo implica validar se os requisitos satisfazem os requisitos das partes interessadas e se são completos, coerentes e realistas. Para tal, podem ser utilizadas várias abordagens, tais como avaliações, inspecções e criação de protótipos.

6. **Gestão de requisitos:** Trata-se de acompanhar as alterações aos requisitos, assegurar que as alterações são rastreáveis e gerir conflitos e compromissos entre diferentes requisitos.

2.2.5 Importância da Engenharia de Requisitos: A importância da Engenharia de Requisitos (ER) no desenvolvimento de software é amplamente reconhecida por pesquisadores e autores da área.

A engenharia de requisitos é de extrema importância nos projectos de desenvolvimento de software. Serve de base para o êxito dos resultados do projeto e para a satisfação do cliente. Seguem-se as principais razões que realçam a importância da engenharia de requisitos:

- Compreender as necessidades das partes interessadas: A engenharia de requisitos facilita uma compreensão abrangente das necessidades, expectativas e restrições das partes interessadas.
- Minimizar o retrabalho e os custos excessivos: Uma engenharia de requisitos eficaz reduz significativamente a ocorrência de retrabalho e alterações dispendiosas durante o processo de desenvolvimento. A captura e a análise minuciosas dos requisitos reduzem o risco de mal-entendidos, de desvios de âmbito e de modificações imprevistas, minimizando assim os custos excessivos e os atrasos do projeto.
- Melhoria da comunicação e da colaboração: A engenharia de requisitos promove uma comunicação clara e eficaz entre os intervenientes no projeto. O fornecimento de uma linguagem comum e a compreensão dos requisitos reduzem o fosso entre clientes, utilizadores finais, programadores e outros participantes no projeto. Isto conduz a uma melhor colaboração, à redução de conflitos e a uma melhor coordenação do projeto.

Requisitos bem documentados permitem estimar com precisão os prazos, o esforço e os recursos necessários para o projeto. Com esta informação, os gestores de projeto podem desenvolver planos de projeto realistas, atribuir recursos de forma eficiente e otimizar os resultados do projeto.

- Apoio à gestão da mudança: A mudança é inevitável nos projectos de desenvolvimento de software. A engenharia de requisitos fornece uma abordagem estruturada para lidar com as alterações de requisitos. O estabelecimento de processos de controlo de alterações e a realização de análises de impacto garantem que as alterações são avaliadas, aprovadas e incorporadas no projeto de forma eficaz. Isto minimiza a perturbação causada pelas alterações e ajuda a manter a estabilidade do projeto.
- Aumentar a satisfação do cliente: A engenharia de requisitos desempenha

um papel fundamental no cumprimento das expectativas dos clientes e na garantia da sua satisfação. Ao envolver ativamente os clientes nos processos de obtenção e validação de requisitos, garante que o sistema de software responde a necessidades e requisitos específicos. Clientes satisfeitos levam a uma maior adoção por parte dos utilizadores, feedback positivo e relações comerciais a longo prazo.

2.3 Definição de alteração de requisitos

Segundo o autor (Wiegers & Beatty, 2013)O termo "alteração de requisitos" diz respeito a quaisquer alterações que ocorram nos requisitos de software depois de os requisitos terem sido inicialmente declarados e acordados. Vários factores, como o feedback das partes interessadas, alterações nas necessidades do negócio e actualizações tecnológicas podem desencadear estas alterações. O autor salienta a importância de gerir eficazmente as alterações de requisitos para garantir que o sistema de software satisfaz as necessidades e expectativas das partes interessadas.

Autor (Wysocki, 2010) define alteração de requisitos como a modificação de um requisito, que pode envolver alterações nos atributos, na prioridade ou no âmbito do requisito. O autor salienta que a gestão eficaz da alteração de requisitos é fundamental para o sucesso do desenvolvimento de software, uma vez que as alterações podem ter um impacto significativo nos prazos, custos e qualidade do projeto.

Autor (Kavitha & Sheshasaayee, 2012b) define alteração de requisitos como qualquer alteração aos requisitos de software, incluindo adições, supressões e modificações. O autor salienta a necessidade de uma abordagem sistemática para gerir as alterações de requisitos, que inclui a documentação, o acompanhamento e a aprovação das alterações. Salienta também a importância de envolver todas as partes interessadas no processo de gestão das alterações.

Os autores (Kitchenham & Brereton, 2013) também enfatizam a importância de gerir eficazmente as mudanças de requisitos. Definem a mudança de requisitos como o processo de alteração da especificação do software depois de esta ter sido concluída e acordada. Kitchenham et al. referem que as alterações de requisitos podem conduzir a um aumento dos custos, a atrasos e mesmo ao fracasso do projeto. Kitchenham sugere que a chave para gerir as alterações de requisitos consiste em identificar precocemente as potenciais alterações e avaliar o seu impacto no projeto. Para tal, é necessária uma comunicação eficaz com as partes interessadas e a utilização de ferramentas e técnicas adequadas para gerir e acompanhar as alterações.

A literatura reconheceu os factores fundamentais da mudança, analisou os efeitos das mudanças e desenvolveu várias técnicas para as abordar.

De acordo com o "The Chaos Report", publicado regularmente pelo Standish Group, um número significativo de projectos de software não é bem sucedido por uma série de razões. De acordo com os resultados da investigação conduzida pelo Standish Group, uns espantosos vinte e dois por cento dos projectos serão abandonados antes mesmo de estarem concluídos. Os projectos superaram as suas projecções reais em 78% dos casos (Haleem et al. 2019).

Em termos de taxas de sucesso dos projectos, a percentagem média de projectos de software concluídos dentro do prazo e do orçamento previstos é de 37,8%. No entanto, os projectos que enfrentam desafios têm uma taxa de sucesso de 43,4%, enquanto uma percentagem menor de projectos (18,8%) tem o seu âmbito reduzido ou é totalmente encerrada.

2.4 Visão geral das falhas de software

A falha de software, particularmente no contexto da alteração de requisitos, refere-se à incapacidade de um sistema de software para tratar e se adaptar eficazmente a modificações, adições ou eliminações efectuadas ao conjunto de requisitos inicialmente definido. As alterações de requisitos são inerentes aos projectos de desenvolvimento de software, uma vez que as partes interessadas adquirem uma compreensão mais profunda das suas necessidades, os ambientes comerciais evoluem e são obtidas novas informações. No entanto, a incapacidade de gerir eficazmente as alterações de requisitos pode dar origem a sistemas de software que não satisfazem os resultados desejados e podem conduzir a atrasos no projeto, aumento dos custos e comprometimento da satisfação do utilizador.

As alterações de requisitos podem introduzir riscos e desafios que podem contribuir para o fracasso do software. Quando as alterações de requisitos não são corretamente identificadas, analisadas e incorporadas no processo de desenvolvimento, existe uma maior probabilidade de mal-entendidos, más interpretações e desalinhamentos entre as partes interessadas e as equipas de desenvolvimento. Isto pode resultar na entrega de software que não responde às necessidades em evolução dos utilizadores ou aos objectivos do projeto.

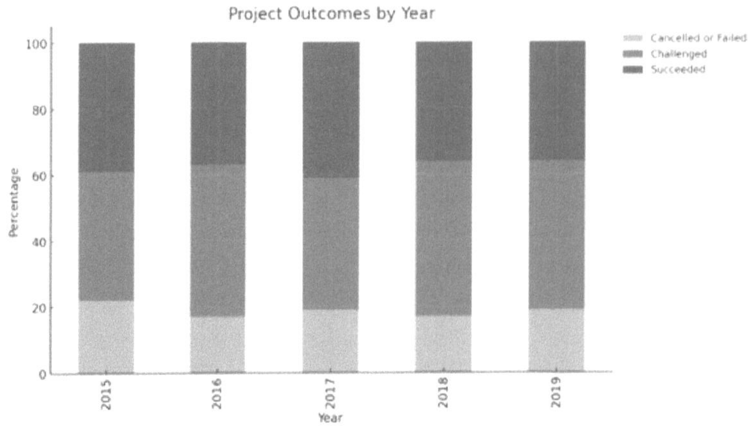

Figura: Relatório do caos da realização do software

O quadro 2.1 do relatório Chaos apresenta os pormenores da realização do software. O relatório Chaos (Goyal, 2022) categoriza os projectos em três grupos: bem sucedidos (concluídos dentro do prazo previsto e do orçamento atribuído), com problemas (não concluídos dentro do prazo previsto e do orçamento atribuído) e falhados (cancelados ou não concluídos).

Os projectos de software confrontam-se frequentemente com dificuldades que podem levar ao fracasso, e várias causas típicas contribuem para estes contratempos. A falta de uma análise exaustiva dos requisitos é uma das causas que contribuem para o fracasso do projeto, resultando em expectativas desajustadas e numa má compreensão do âmbito do projeto. A incerteza e os problemas na conceção de uma boa solução de software podem resultar da fraca qualidade dos requisitos. Requisitos incompletos podem levar a lacunas na funcionalidade ou à falta de elementos críticos, reduzindo a eficácia do produto final. Além disso, embora a alteração dos requisitos e das especificações seja frequentemente inevitável, pode causar atrasos, desvios de âmbito e custos mais elevados se não for tratada corretamente(Afaq, S.A. & Faisal, M. 2020).

As grandes organizações têm receitas superiores a 500 milhões de dólares, as organizações intermédias têm receitas entre 200 milhões e 500 milhões de dólares e as pequenas organizações têm receitas entre 100 milhões e 200 milhões de dólares (Johnson 2018, Haleem et al. 2019 & Afaq et al. 2020). A Figura 2.13 mostra os factores de insucesso do projeto.

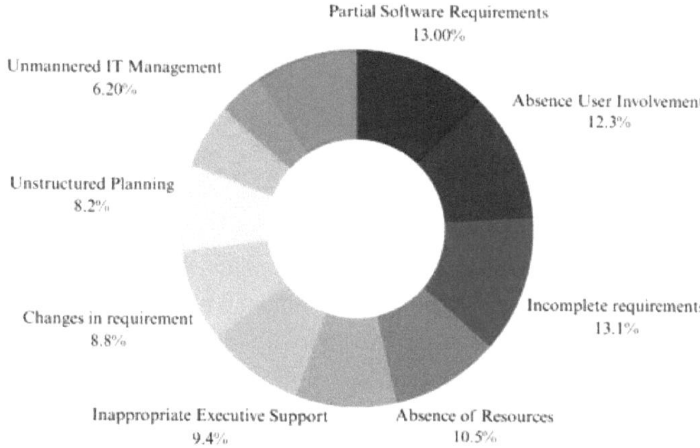

Figura 2.12: Factores de insucesso do projeto

2.5 Revisão da literatura

A revisão e a análise da literatura revelam que, apesar de terem sido realizados vários estudos na área da gestão da mudança de requisitos, verificou-se que nenhuma investigação se centra particularmente na previsão e identificação da mudança de requisitos numa fase anterior do ciclo de vida do desenvolvimento de software. Os principais trabalhos realizados nesta área são analisados na secção seguinte:

Aung (Aung et al., 2020) publicou o trabalho "A study on the retrieval of automatic traceability links for software change impact analysis through literature review". Esta revisão identifica e analisa as técnicas e ferramentas utilizadas para a análise do impacto da mudança de requisitos. A revisão constatou que a maioria dos estudos nesta área se concentra na análise de impacto estático, enquanto há uma falta de investigação sobre a análise de impacto dinâmico.

Muqeem (Muqeem et al., 2022) publicou o trabalho "Choosing Requirement Elicitation Methods: An Approach Based on Neural Networks". Este estudo tem como objetivo avaliar o estado atual da investigação sobre a gestão da mudança e a elicitação de requisitos no contexto do desenvolvimento internacional de software. A pesquisa identificou uma escassez de estudos abordando especialmente a gestão de mudanças de demanda no contexto do desenvolvimento global de software.

(Goknil et al., 2014) produziu um estudo intitulado "A metamodeling

approach for conducting change impact analysis on requirements." Este estudo ilustra que quando uma necessidade sofre uma modificação, ela é documentada na Especificação de Requisitos de Software (SRS). No entanto, é essencial que o engenheiro de requisitos avalie pessoalmente as repercussões de uma única alteração da necessidade. O estudo intitulado "Minimizar o impacto dos requisitos" "Transformação em projectos de software através da classificação dos requisitos" foi publicado por (Ahmad et al. 2015). Este estudo baseia-se na categorização dos requisitos. O requisito pode ser categorizado em três grupos distintos: permanente, relativamente estável e muito propenso a mudanças. Os requisitos que não têm probabilidade de mudança enquadram-se no grupo dos estáveis, enquanto os que têm menos hipóteses de mudança enquadram-se na categoria dos menos propensos a mudar e os que têm mais hipóteses de mudança enquadram-se na categoria dos muito propensos a mudar.
Kavitha (Kavitha, 2015) publicou o trabalho "Comprehensive View on Defect Analysis and Change Control Process". O trabalho envolve a análise de defeitos como resultado de alterações de requisitos durante o desenvolvimento de software. Este esforço abrange também a melhoria da qualidade do software, bem como a identificação e a prevenção de falhas. Inclui também uma análise dos pedidos de alteração. A gestão de alterações regista as alterações de requisitos utilizando o formulário de pedido de alteração de software.
Hussain et al. (2016) escreveram um artigo intitulado "The Present Obstacles in Managing Changes to Requirements". Este trabalho implica uma série de tarefas relacionadas com a gestão das alterações dos requisitos. Este estudo identificou numerosos obstáculos notáveis na gestão da mudança de requisitos, incluindo a reutilização de requisitos, a previsão da mudança de requisitos, a atividade de mudança, a avaliação, o estabelecimento de ligações claras com componentes de software e a automatização dos processos de gestão da mudança.
Hussain et al. (2016) publicaram um artigo intitulado ""The Present Obstacles in Managing Changes to Requirements". Este trabalho implica uma série de tarefas relacionadas com a gestão das alterações dos requisitos. Este estudo destaca numerosos obstáculos significativos na gestão de mudanças de requisitos, incluindo a reutilização de requisitos e a capacidade de prever mudanças de requisitos, avaliar atividades de mudança, estabelecer conexões claras com componentes de software e automatizar processos de gestão de mudanças. Este paradigma baseia-se numa Especificação de

Requisitos Estável e classifica a mudança em três grupos distintos: previsão, identificação, avaliação e gestão.

Abd (Abd & Latif, 2016) é autor de uma publicação intitulada "Identify and Manage The Software Requirements Volatility". O autor apresentou um framework que ilustra as variáveis causais que contribuem para a modificação de requisitos e o padrão de imprevisibilidade de requisitos no desenvolvimento de software.

O quadro sugerido é composto por quatro actividades principais: elicitação e análise dos requisitos, validação da especificação dos requisitos e causalidade dos requisitos. **AlSanad** (AlSanad & Chikh, 2017) publicou o trabalho "A thorough model for software requirements change management". Este estudo é essencialmente um modelo exaustivo. O autor criou um conceito conhecido como o modelo CRCM para a gestão da mudança de requisitos. É comparado com os três modelos RCM disponíveis. Utilizando este paradigma, um engenheiro de requisitos pode atualizar um requisito sem dificuldade.

Ebad (Ebad & S.A., 2017) é autor de uma publicação intitulada "Towards Measuring Software Requirement Change: A Retrospective Analysis". Este estudo baseia-se na utilização de casos de utilização para avaliar e analisar a progressão dos requisitos em sistemas orientados para objectos. O autor realizou uma análise retrospetiva para examinar o âmbito funcional do paradigma sequencial de um sistema de software.

Jayatilleke (Jayatilleke et al., 2018) publicou o trabalho "A systematic review of r A comprehensive analysis of the management of requirements changes, "Requirements change management." O autor sugeriu um mecanismo para analisar a mudança de requisitos em níveis avançados. Este método consiste em três etapas distintas: estudar as modificações de requisitos usando várias funções, determinar as complexidades de mudança de requisitos e determinar as dependências de alteração de requisitos usando uma matriz. Estes três métodos permitem que um analista identifique quais as partes do design disponível que seriam afectadas.

Hourani (Hourani et al., 2019) publicou um trabalho "7E: Uma proposta de modelo de gerenciamento de mudanças integrado ao ciclo de vida de desenvolvimento de software". O modelo e a estrutura do 7e fornecem uma categorização clara e um método para vincular e integrar as ações do CM no SDLC. O modelo da 7e serve de base para a estrutura do SDLC e da MC, combinando modelo, estrutura, contexto e todos os procedimentos associados. Comparado com outros modelos de gestão de projectos, o modelo 7e's é personalizado para o SDLC, unifica todos os processos de gestão de projectos em todas as fases do projeto e diferencia os processos de implementação para cada etapa do ciclo de vida do projeto

Sirshar (Sirshar & Mumtaz, 2019) publicou o trabalho "Requirement Change Management Techniques in Software Systems". É apresentada uma estrutura de ontologia para abordagens de gerenciamento de mudanças de software, como desenvolvimento multinível, gerenciamento de configuração e metodologia em cascata. O estudo fornece uma nova estrutura de ontologia para estratégias de gerenciamento de mudanças de software que podem ser utilizadas para melhorar a qualidade do sistema de software. A estrutura ontológica sugerida é validada através de um estudo de caso e baseia-se na investigação atual sobre metodologias de gestão da mudança de software. Além disso, o estudo compara a estrutura ontológica proposta com várias estruturas existentes.

Akbar (Akbar et al., 2022) publicou o trabalho "SRCMIMM: the software requirements change management and implementation maturity model". O estudo fornece um modelo de maturidade para a gestão da mudança de requisitos para ajudar as empresas GSD a rever e melhorar o seu processo de gestão da mudança de requisitos em projectos de desenvolvimento global. O artigo avalia exaustivamente a literatura sobre a gestão da mudança de requisitos de software e os modelos de maturidade de implementação. Com base no estudo da literatura, os autores desenvolvem um modelo interativo de maturidade da gestão da mudança de requisitos e da implementação (SRCMIMM). O SRCMIMM está dividido em cinco graus de maturidade, cada um com o seu próprio conjunto de áreas de processo chave (KPAs) e indicadores de desempenho chave (KPIs) (KPIs). O relatório também inclui um estudo de caso que mostra como o SRCMIMM foi utilizado num projeto de desenvolvimento de software a nível mundial.

Hoy (Hoy & Xu, 2023) publicou um trabalho de revisão "Agile Software Requirements Engineering Challenges-Solutions - A Conceptual Framework from Systematic Literature Review". A revisão sistemática da literatura identificou 78 artigos que abordam os desafios da engenharia de requisitos de software ágil de 2009 a 2023. Os resultados revelam que as soluções existentes são diversas e fragmentadas. Em resposta, é sugerida uma estrutura tridimensional, destacando uma estratégia completa que leva em consideração o contexto de negócios, o gerenciamento de projetos e as abordagens ágeis. Este estudo melhora a compreensão teórica da engenharia de requisitos de software ágil e fornece recomendações práticas para a sua implementação.

2.7 Resumo de trabalhos relacionados

Na literatura, são apresentadas muitas abordagens diferentes para a gestão da mudança de requisitos. Neste estudo, são considerados diferentes trabalhos de investigação mais recentes. O quadro 2.5 resume as várias técnicas abordadas em diversos trabalhos de investigação.

Quadro 2.5: Resumo dos trabalhos relacionados

Trabalho de investigação	Descrição	Limitação
"Desenvolvimento e Verificação de Modelos de Previsão para Quantificação de Mudanças nos Requisitos" por (Loconsole, 2008)	Cinco métricas são utilizadas para prever mudanças nas necessidades. Pré-requisitos Os atributos de tamanho são os seguintes: NLINE (número de linhas), NWORD (número de palavras), NUC (número de conceitos únicos), NACTOR (número de actores) e NREVISION (número de revisões).	Para uma previsão exacta das alterações, devem ser tidas em consideração medidas qualitativas.
"Current Challenges of Requirement Change Management" (Desafios actuais da gestão da mudança de requisitos) é o título de um artigo de investigação da autoria de Ahmed et al. em 2016.	Neste trabalho, foram identificados obstáculos significativos à gestão da mudança de requisitos, tais como a reutilização dos requisitos, a previsão da mudança de requisitos, a medição da atividade de mudança e a automatização da gestão da mudança.	A validade não é aprovada.
"Uma técnica para analisar alterações nos requisitos" (Jayatilleke et al., 2017)	Este método consiste em três etapas: investigação das alterações das necessidades, identificação dos obstáculos à mudança e deteção das relações entre as necessidades.	A validade não é aprovada num sistema complexo.
O artigo intitulado "AZ-Model of software requirements change management in global software development" é da autoria de Akbar et al. em 2018.	Esta técnica é composta por três fases distintas: coordenação, análise e desenvolvimento. Para uma boa gestão do tempo, este sistema utiliza uma abordagem de time boxing.	Esta estratégia evita os desafios de RCM do desenvolvimento multi-site.
O efeito dos requisitos "Adaptação aos requisitos em evolução na arquitetura de software: Estratégias para equipas de software", de Dasanayake et al. (2019)	Foi efectuado um estudo de caso para explorar as consequências da alteração dos requisitos. Os elementos contribuintes foram identificados como comunicação ineficaz, conhecimento mal interpretado e dependência externa.	Limitado a um pequeno conjunto de dados.

"Uma estrutura versátil para a gestão de requisitos (FFRM) que transita da arquitetura de software para uma estrutura ágil distribuída" (Nadeem et al. 2022)	Este estudo elucidou a importância da gestão de requisitos (RM) e da rastreabilidade dos requisitos.	Adequado apenas para pequenos projectos.

2.8 Resumo

A pesquisa bibliográfica mostra que as técnicas utilizadas para avaliar o risco associado aos requisitos são atualmente mutáveis e que as alterações são normalmente tratadas após as fases de conceção e de teste, o que pode resultar em custos e tempo elevados para resolver os problemas. Assim, recomenda-se que as alterações dos requisitos sejam identificadas e tratadas o mais cedo possível para evitar custos adicionais. Embora exista investigação disponível sobre a análise do impacto e a gestão da mudança de requisitos, ainda há falta de investigação sobre o seu tratamento numa fase inicial. É necessário um quadro eficaz para identificar a mudança de requisitos numa fase precoce e fornecer as orientações e a solução para estas áreas problemáticas fundamentais. Para atingir estes objectivos, foi apresentado um quadro eficaz para a gestão das alterações dos requisitos durante o SDLC.

Capítulo 3: Um quadro para a gestão sustentável da mudança de requisitos

3. 1 Introdução

As alterações e actualizações dos requisitos de um projeto ou sistema devem ser geridas através do processo de gestão de alterações de requisitos. Identificar, avaliar e implementar modificações no âmbito, objectivos e especificações do projeto é crucial para a gestão de projectos e o desenvolvimento de software. Este método mantém os resultados do projeto em sincronia com as exigências em constante mudança das partes interessadas (Yan, 2018). Os objectivos do projeto podem ser difíceis de executar devido a alterações de requisitos que resultam em derrapagens de custos e de prazos. De acordo com estudos, as alterações de requisitos têm um impacto significativo no sucesso dos projectos (Yin et al., 2022).

A taxa de insucesso do desenvolvimento de projectos de software sempre foi significativa. O fracasso de um projeto de software depende da mudança de raiz. O custo de um projeto de software é significativamente afetado por modificações que não ocorrem durante as fases iniciais de recolha e análise de requisitos, mas que ocorrem mais tarde no processo de desenvolvimento. Os investigadores consideram que a mudança de requisitos é um desafio que tem de ser resolvido nas fases iniciais do desenvolvimento de software. É do conhecimento geral que alterar um sistema de software quando este ainda se encontra nas fases iniciais de desenvolvimento é mais prático (Hafeez et al., 2012). As alterações aos requisitos efectuadas durante o ciclo de vida do desenvolvimento do sistema são designadas por alterações de requisitos. As alterações dos requisitos exigem mais trabalho de conceção e codificação, o que aumenta os custos e os tempos de desenvolvimento do sistema e degrada a sua qualidade (Dasanayake et al., 2019).

A comunidade de engenheiros de software identificou a rápida mudança de requisitos como uma das áreas mais desafiantes para a realização de investigação. Ao longo das várias fases do ciclo de vida do desenvolvimento de software, verificou-se que os requisitos estão sujeitos a alterações e que estas alterações desempenham um papel vital no êxito ou no fracasso de qualquer projeto. A verdade é que mais de metade dos requisitos do sistema estarão sujeitos a alterações antes ou durante a implementação do software(Bulling, 2018). A má engenharia de requisitos é responsável pela maioria das falhas de software. Neste tipo de engenharia, requisitos confusos e inadequados levam a mudanças ao longo do ciclo de vida de desenvolvimento de software (Davis & Park, 2008).

Para satisfazer o novo conjunto de requisitos, a conceção do sistema de software e o código-fonte têm de ser alterados para que o novo conjunto de

requisitos possa ser adicionado ou acrescentado ao conjunto existente. A gestão das alterações é o processo de acrescentar requisitos novos ou alterados e alterações ao sistema de software (IBM, 2010).
O desempenho de um projeto de software pode ser afetado negativamente pela alteração de requisitos, pelo que é imperativo gerir esta questão de forma eficaz. É crucial identificar rapidamente os requisitos que estão sujeitos a alterações(Jayatilleke et al., 2017). Todos os métodos atualmente acessíveis para avaliar os riscos baseados em requisitos não são estruturados. Estes procedimentos são geralmente realizados informalmente por peritos e são altamente subjectivos. Historicamente, todos os tipos de mutabilidade foram identificados após as fases de conceção e de ensaio, quando o tempo e o dinheiro necessários para resolver os problemas se tornaram proibitivos. Por conseguinte, é aconselhável que os criadores de software encontrem e removam as alterações o mais rapidamente possível para evitar incorrer em custos adicionais com o seu tratamento (Bano et al., 2012 & Hussain, 2016).
Quando um requisito é alterado, o engenheiro de requisitos deve determinar se algum requisito dependente é afetado. Um aspeto fundamental deste procedimento é o formato da declaração de requisitos (Wang et al., 2020). Na prática, as especificações dos requisitos são frequentemente objectos textuais com uma estrutura implícita. As interdependências entre vários requisitos foram frequentemente registadas de forma adequada (Bailin, 1989). A fim de gerir os requisitos, foi proposto um quadro de referência durante o SDLC. Esta investigação centra-se na medição das relações entre as alterações de requisitos e outros parâmetros essenciais, com o objetivo de medir o impacto das alterações de requisitos no desenvolvimento de projectos de software.

3.2 Definição do problema

Embora os requisitos possam mudar, o desenvolvimento de software é uma atividade dinâmica. Uma alteração de requisitos que ocorra no início do processo de desenvolvimento pode afetar significativamente outras partes do SDLC (Nicolás & Toval, 2009). Métodos inadequados de recolha de requisitos, falta de experiência, más políticas governamentais e muitos outros factores conduzem a alterações nos requisitos (Denger et al., 2003).
O desenvolvimento de software é um processo altamente dinâmico e complexo, em que a natureza em constante mudança dos requisitos continua a ser um desafio central. Embora as partes interessadas possam fornecer um conjunto inicial de requisitos no início do projeto, não é raro que estes

requisitos evoluam e se expandam à medida que o desenvolvimento avança. Uma das principais razões por detrás deste fenómeno é a ocorrência de alterações não reconhecidas nos requisitos durante as fases iniciais do desenvolvimento.

No início do projeto, as partes interessadas podem nem sempre ter uma compreensão completa das suas necessidades exactas. À medida que a equipa de desenvolvimento transforma estas ideias iniciais em protótipos tangíveis ou software funcional, os intervenientes adquirem novas perspectivas sobre o que o software pode alcançar. Consequentemente, as partes interessadas podem descobrir caraterísticas ou funcionalidades adicionais essenciais para atingir eficazmente os objectivos. Estas alterações não identificadas nos requisitos podem ter implicações significativas ao longo do ciclo de vida do desenvolvimento do software.

As alterações nos requisitos, especialmente quando não previstas, podem afetar significativamente o SDLC. As decisões de conceção previamente estabelecidas podem exigir uma reavaliação e modificação para se adaptarem aos novos requisitos. Do mesmo modo, o processo de desenvolvimento pode exigir um novo trabalho, afectando os esforços de codificação e provocando mesmo atrasos. Mesmo as fases de teste e documentação podem sofrer interrupções, uma vez que estas fases têm de se alinhar com os requisitos actualizados. As alterações não identificadas podem perturbar todo o SDLC, aumentando as complexidades, o retrabalho e os prazos alargados.

Para além das mudanças imprevisíveis, outros factores podem contribuir para o ambiente em evolução dos requisitos de desenvolvimento de software. As especificações podem ser inadequadas ou confusas se os requisitos forem recolhidos através de técnicas ineficazes. Quando as partes interessadas e as equipas de desenvolvimento têm uma compreensão desalinhada das necessidades do projeto, isso pode levar a uma série de alterações mais tarde no processo de desenvolvimento, à medida que essas discrepâncias se tornam aparentes.

A dimensão do sistema aumenta visivelmente desde a primeira especificação de requisitos até à implementação completa do sistema devido à alteração persistente dos requisitos. A motivação para controlar a dimensão do projeto não é restringir o âmbito da expansão dos requisitos devido a alterações (Chua & Verner, 2010).

O desafio consiste em incorporar estas alterações mais tarde no desenvolvimento e não com estes requisitos flexíveis (Heck & Zaidman,

2018). Deve existir um quadro para lidar com a mudança de requisitos numa fase inicial, a fim de resolver estes problemas. Embora a mudança de requisitos seja um tópico que tem sido cuidadosamente considerado, não existe uma boa estrutura que sugira maneiras práticas de lidar com ela e, ao mesmo tempo, minimizar seus impactos (Kung et al., 1994).

A maioria dos estudos actuais avalia o impacto das alterações em diferentes caraterísticas dos projectos de software, como a medição do desempenho ou do risco, a manutenção do software e a densidade de defeitos (Lehnert, 2011, Malaiya & Denton, 1998). Conforme discutido, um painel de especialistas realiza a avaliação de mudanças de requisitos de forma subjetiva e informal. Mas nem todos os projectos de software têm o conforto de ter peritos no domínio para realizar esta análise. Por conseguinte, a avaliação depende das convicções da equipa de avaliação. Para atenuar o impacto da mudança de requisitos durante o SDLC, foi proposto um quadro.

3.3. Um quadro eficaz para a gestão da mudança de requisitos

As sociedades académicas costumavam apoiar o negócio do software, criando constantemente ferramentas, métodos e procedimentos mais sofisticados em resposta aos requisitos em constante evolução da indústria do software. Os requisitos em constante evolução da indústria do software motivaram esta ação. Para garantir que o software cumpre os requisitos à medida que estes mudam, algumas das maiores empresas de software mantêm centros de investigação e desenvolvimento.

Ao desenvolver um novo método para identificar requisitos mutáveis desde o início do SDLC e uma estratégia para os abordar em simultâneo com a fase de análise de requisitos, pretende-se que esta investigação dê um impulso concetual à indústria de software e à comunidade educativa. Os resultados e impactos das mudanças de requisitos no desenvolvimento produtivo de produtos de software são mostrados por uma revisão e análise da literatura. Como resultado, para lidar adequadamente com as mudanças de requisitos, é necessária uma estrutura eficaz. Neste estudo, é apresentada uma metodologia simplificada para a Gestão de Alterações de Requisitos para a integração na fase inicial do SDLC. A estrutura proposta aborda questões críticas relacionadas com a alteração de requisitos e sugere uma estratégia para evitar falhas no projeto. Inclui quatro componentes principais: Requisitos iniciais como entrada, um processo central que envolve técnicas de identificação de mudanças, como a análise de interdependência e a priorização de requisitos de mudança, e técnicas de análise de impacto de mudanças que resultam em impactos no custo, no tempo e nos recursos humanos como componente de saída final.

O quadro proposto, tal como apresentado na figura 3.1, está a ser concebido para realizar a sua atribuição nas quatro fases seguintes:

- Elicitação e análise de requisitos
- Identificação da alteração do requisito
- Priorização do requisito alterado
- Análise de impacto da alteração dos requisitos

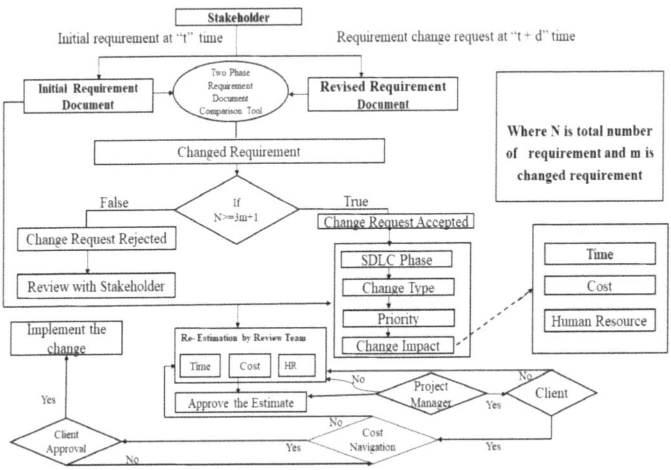

Figura 3.2: Quadro de gestão das alterações dos requisitos

Uma compreensão abrangente dos factores e causas da mudança de requisitos é crucial para a implementação eficaz do quadro. Ao compreender estas influências, o processo de gestão dos requisitos pode ser reforçado e mantido, minimizando assim o impacto das alterações no projeto. Uma melhor comunicação entre as partes interessadas garante o alinhamento entre os objectivos do projeto e as necessidades e expectativas das partes relevantes, orientando o projeto para o resultado pretendido. A identificação proactiva de potenciais alterações permite uma melhor gestão do risco e atribuição de recursos, contribuindo, em última análise, para o sucesso global do projeto. Este conhecimento permite que as equipas de projeto antecipem e respondam eficazmente à evolução dos requisitos, reduzindo o risco de desvios de âmbito e atrasos no projeto. As organizações podem aumentar a adaptabilidade e navegar com êxito pelas modificações, abordando as potenciais alterações numa fase inicial, o que conduz a implementações de projectos mais bem sucedidas.

As fases do quadro proposto neste trabalho são brevemente explicadas nas subsecções seguintes:

- **Elicitação e análise de requisitos**

A elicitação de requisitos refere-se ao processo de recolha de informações junto das partes interessadas, tais como clientes, utilizadores finais e peritos no domínio, para compreender as necessidades, os objectivos e as limitações dos clientes. Envolve várias técnicas, como entrevistas, inquéritos, workshops e observações, para captar os requisitos de forma eficaz. O objetivo é estabelecer canais de comunicação claros e envolver as partes interessadas em discussões significativas para descobrir os requisitos implícitos e explícitos das partes interessadas. A informação recolhida durante a elicitação de requisitos serve de base para uma análise e documentação mais aprofundadas.

- **Identificação da alteração do requisito**

A identificação da alteração de requisitos consiste em reconhecer e documentar as alterações, adições ou supressões ao conjunto de requisitos inicialmente definido para um projeto de desenvolvimento de software. Implica a identificação sistemática de alterações nas necessidades dos utilizadores, objectivos comerciais, restrições tecnológicas ou factores externos que exijam ajustes no sistema de software.

- Embora existam muitas caraterísticas para as alterações de requisitos, as duas caraterísticas principais e mais importantes são as seguintes:
- A quantidade total de linhas que necessitam de ser alteradas
- A quantidade total de palavras que necessitam de ser alteradas

O algoritmo é apresentado em pormenor nas partes seguintes. O algoritmo proposto considera dois atributos. As alterações propostas no Documento de Requisitos incluem a alteração do número de palavras e de linhas. O realinhamento das linhas é entendido como uma modificação dos critérios. A fase inicial envolve a contagem do número de linhas em ambos os documentos de requisitos. Determinando o número total de linhas em ambos os documentos, pode deduzir-se que, se o número de linhas aumentar no documento de requisitos atualizado (por exemplo, documento de requisitos revisto), foram incluídas exigências suplementares. Por outro lado, se o número de linhas no documento de requisitos revisto diminuir, deduz-se que foram eliminados requisitos.

Priorização do requisito alterado

A alteração das prioridades dos requisitos é uma componente essencial do desenvolvimento de software que implica a revisão e o ajustamento da ordem de importância atribuída a necessidades distintas ao longo do projeto.

Os clientes podem rejeitar software que não satisfaça as suas exigências; por conseguinte, os ajustamentos dos requisitos são inevitáveis. Consequentemente, estas alterações devem ser controladas de forma eficiente. O desempenho de um sistema é exclusivamente determinado pela sua capacidade de satisfazer os requisitos dos seus utilizadores e clientes. São utilizados métodos de atribuição de prioridades aos requisitos para os classificar por ordem de importância. Cada parte interessada no sistema tem questões específicas que devem ser abordadas. Para iniciar um plano de atribuição de prioridades às alterações dos requisitos, começa-se por determinar os atributos relevantes. As alterações podem então ser classificadas por ordem de prioridade com base numa variedade de parâmetros. As seguintes medidas foram identificadas como tendo o potencial de melhorar os resultados ao longo do processo de priorização dos requisitos de mudança:

i. Nível de interdependência

ii. Alterar a classificação

iii. Índice de dificuldade

Neste estudo, a priorização de requisitos de mudança é feita através de uma abordagem difusa.

- **Análise de impacto da alteração dos requisitos**

A análise do impacto das alterações é fundamental para avaliar as consequências de quaisquer alterações efectuadas no processo de desenvolvimento de software. A Análise do Impacto das Alterações é um procedimento importante no desenvolvimento de software porque examina as potenciais consequências de efetuar alterações ou revisões a um sistema de software existente. É uma fase crítica que implica um exame exaustivo da forma como cada alteração sugerida, quer esteja relacionada com o código, os requisitos ou qualquer outro componente do produto, influenciaria vários aspectos do projeto.

Nas secções seguintes, é apresentada uma ferramenta para melhorar a capacidade de analisar eficazmente as alterações de requisitos no âmbito do desenvolvimento de software. Esta aplicação foi cuidadosamente criada para simplificar o processo de revisão e avaliação das alterações às especificações do projeto.

3.3.1 Caraterísticas do quadro proposto

- Analisar e classificar os principais problemas e desafios associados às modificações dos requisitos e a sua influência nos projectos de software.

- Propor uma metodologia para identificar prontamente alterações nos requisitos dentro do documento de requisitos, utilizando a ferramenta de comparação de documentos de requisitos em duas fases.
- Desenvolver um algoritmo para detetar alterações no documento de requisitos.
- Efetuar uma análise de interdependência de necessidades variáveis múltiplas e avaliar o nível de interdependência utilizando um gráfico e uma matriz de interdependência.
- Utilizar a lógica difusa para dar prioridade aos requisitos modificados.
- Verificar o quadro utilizando a técnica de validação da máquina de estados finitos.

3.4 Resumo

As alterações nos requisitos, por vezes conhecidas como "scope creep", são um risco comum e importante que pode causar vários problemas em projectos de desenvolvimento de software. À medida que um projeto avança, as partes interessadas podem obter novas perspectivas, as condições de mercado podem mudar ou os avanços técnicos podem obrigar a revisões das necessidades iniciais.

Esta investigação sugere um quadro para lidar com questões e problemas quando os requisitos mudam no início do processo de desenvolvimento de software. É provável que o quadro seja capaz de prever e determinar o nível de mudança, analisar a forma como essas mudanças afectam outros requisitos e apresentar sugestões sobre a forma de lidar com a mudança. Pode ser capaz de lidar bem com as alterações de requisitos numa fase inicial, de modo a que os impactos das alterações possam ser reduzidos ao mínimo.

Capítulo -4: Análise exaustiva da alteração dos requisitos

4.1 Introdução

O ciclo de vida do desenvolvimento de software é causado por mudanças crónicas. As circunstâncias do mundo real e os objectivos do projeto estão em constante mudança, o que torna difícil caraterizar com precisão o resultado desejado do ciclo de desenvolvimento de software. Vários factores influenciam a flexibilidade das necessidades, incluindo as alterações do mercado, a procura dos clientes, o ambiente competitivo, etc.

A correção de problemas e o tratamento das suas consequências também são tidos em conta como um fator que desencadeia a alteração de um requisito. Como resultado, os utilizadores ficam menos satisfeitos e o funcionamento do produto é prejudicado quando as alterações não se reflectem no software. A capacidade de ajustar rapidamente um sistema de informação à evolução dos requisitos é crucial no sector empresarial. Por outras palavras, isto realça a necessidade de alinhar os requisitos comerciais em curso com o software essencial para atingir os objectivos organizacionais. É importante lembrar que as alterações de requisitos têm um impacto significativo no sucesso global do projeto (Kobayashi e Maekawa 2001).

Os produtos de software têm uma influência fundamental no aumento da produtividade em quase todos os países. A sociedade moderna está fortemente dependente dos produtos de software e estes desempenham um papel crucial na sobrevivência dos seres humanos. Os produtos de software desempenham um papel significativo no crescimento e desenvolvimento de qualquer país; no entanto, as empresas de software estão a sofrer dificuldades significativas em termos de taxas de sucesso do software.

Durante o processo de desenvolvimento, as alterações às especificações dos requisitos são imprevisíveis e imprevistas. Todos os factores que determinam as necessidades de software são influenciados pelas expectativas dos utilizadores, pelos requisitos do mercado, pela estratégia da empresa e pelas leis e regulamentos governamentais (Hussain 2016).

As necessidades da organização variam ao longo do tempo. As competências de gestão são essenciais ao longo de todo o processo de desenvolvimento de software. Enquanto a equipa monitoriza os efeitos significativos (custo, tempo e esforço) ao longo do projeto, também ajuda a equipa a manter o projeto no caminho certo para satisfazer os utilizadores, que é o critério de sucesso fundamental para os projectos de software.

4.2 Significado do fracasso de um projeto de software

O fracasso do projeto é esperado no negócio de desenvolvimento de software. As taxas de insucesso dos projectos de software continuam a ser alarmantes (Haleem, Farooqui & Faisal, 2019). As taxas de insucesso dos projectos de TI mantêm-se ao mesmo nível que anteriormente. De acordo com as estatísticas, cerca de 50% de todos os projectos de software falham por diversas razões. O estudo CHAOS do Standish Group, publicado em 2020, analisou cerca de 50 000 projectos de software em todo o mundo. O estudo mostra que cerca de 35% dos projectos foram concluídos (Goyal, 2022).

De acordo com o estudo, os projectos de grande dimensão falharam a uma taxa superior à das pequenas e médias empresas. A taxa de sucesso dos grandes projectos foi de apenas 2%, enquanto a taxa de sucesso das pequenas empresas foi de 62%. Em 2016, a Innotas realizou uma avaliação anual e descobriu que mais de metade das iniciativas de software falham. Cerca de 60% dos projectos de software falham, em comparação com mais de 32% em 2014 (De Bruyne et. al. 2021).

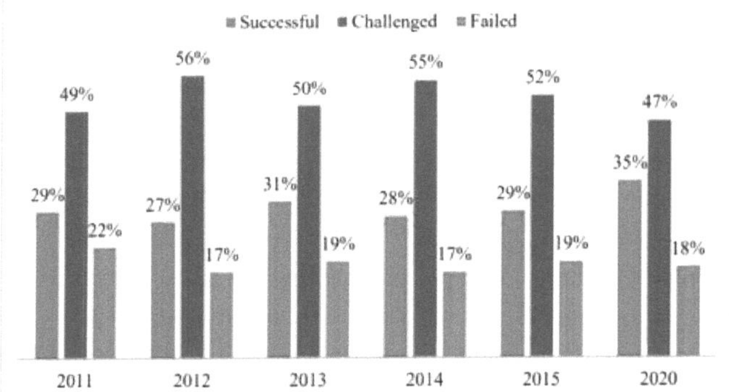

Figura 4.1: Resultados do projeto (Relatório Chaos, 2020)

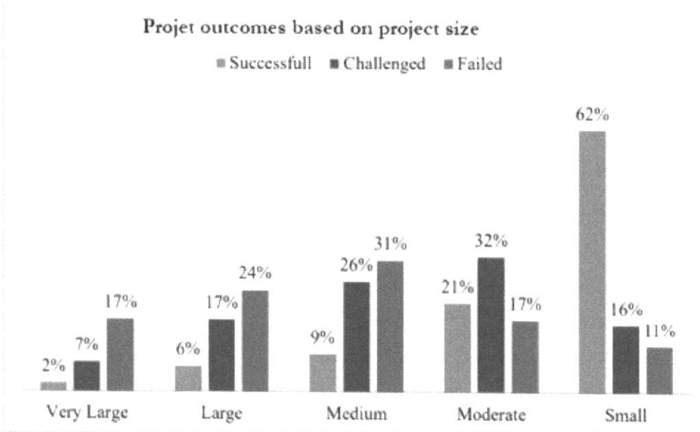

Figura 4.2: Resultados dos projectos por dimensão do projeto (Relatório Chaos, 2020)

As observações mais significativas de estudos recentes são as seguintes (Goyal, 2022):

- O sector das TI perde 108 milhões de dólares por cada mil milhões de dólares investidos em projectos de software.
- O estudo concluiu que um em cada seis projectos de software tem uma ultrapassagem de 200% do orçamento e de 70% do tempo.
- Quando os projectos de software são concluídos dentro do prazo e do orçamento, apenas 39 em cada 100 são considerados bem sucedidos.
- Cerca de 43 em cada 100 projectos de software são considerados um desafio.
- Cerca de 18% dos projectos são considerados fracassos porque foram interrompidos antes da sua conclusão e nunca foram executados.
- As conclusões indicam que as taxas médias de sucesso dos projectos são bastante baixas e que são necessários mais esforços para aumentar a taxa de sucesso dos resultados dos projectos de software. As seguintes caraterísticas estão presentes em quase todos os projetos de software mal sucedidos, de acordo com a investigação sobre estas caraterísticas que foi publicada na literatura (Ganesan e Veena 2018)(Hastie e Wojewoda 2015) e outros relatórios (Malik, Anurag Pillai 2018) (Shameem et al. 2018).
- As versões de software são congeladas ou nunca são disponibilizadas ao público em geral.
- O nível de qualidade esperado não foi atingido.
- Apesar de já ter sido lançado, as pessoas deixam de utilizar o produto, uma

vez que este não se adequa às exigências das pessoas.

- Estimativas de custos ultrapassadas: O projeto está acima do orçamento, excedendo 30% das despesas estimadas.
- Incumprimento do calendário: O projeto está muito atrasado, demorando mais tempo do que o previsto.

As taxas de insucesso dos projectos de software são relativamente elevadas. As razões pelas quais os projectos de software falham com tanta regularidade em todo o mundo incluem a alteração de requisitos, requisitos confusos e uma gestão inadequada dos requisitos. Apenas 2,5 % das restantes iniciativas, de acordo com uma análise da PwC de mais de 10 640 projectos, não conseguiram cumprir o objetivo do projeto ou ultrapassaram os prazos ou o orçamento previstos (Ghazi et al. 2018).

As falhas têm um custo financeiro significativo: só os projectos de software falhados custam aos Estados Unidos 50 a 150 mil milhões de dólares em perda de produtividade e de receitas.

4.3 Causas do fracasso de um projeto de software

A taxa de insucesso dos projectos de TI é relativamente elevada. Centenas de projectos falham todos os anos, gastando milhões de dólares por cada fracasso. Na verdade, não existe uma conceção única que possa definir o sucesso de um projeto. Várias organizações têm abordagens diferentes em relação aos projectos funcionais. Mesmo que todos os projectos sejam geridos meticulosamente, alguns falharão (Smith 2008). A mudança e os requisitos ambíguos são duas das muitas razões pelas quais os projectos de software falham com tanta frequência em todo o mundo.

Os relatórios indicam que a alteração dos requisitos é a razão mais comum para o fracasso dos projectos de software. As causas mais comuns de fracasso de projectos de software estão representadas na Figura 4.3. De acordo com o relatório de estudo do PMI (Project Management Institute) de 2017, os fracos resultados dos projectos resultam numa perda estimada de 97 milhões de dólares por cada mil milhões de dólares gastos (Tarone e Sanford 2017). A Figura 4.4 mostra a principal causa do fracasso. De acordo com as estatísticas de Michael Krigsman, 68% dos projectos de software falharam devido a uma formulação inadequada dos requisitos (Rivera-Ruiz e Ferrer-Moreno 2015). Se os projectos forem concluídos a tempo e dentro do orçamento, as organizações que utilizam práticas inadequadas devem pagar um custo adicional de até 60% do custo total. Especificações de requisitos inadequadas desperdiçarão cerca de 41% do custo de desenvolvimento de software, recursos humanos e serviços de especialistas externos (Shenhar et al. 2001).

No mundo moderno, onde os modelos e processos de desenvolvimento de software estão em constante evolução e expansão, desenvolveu-se um elevado grau de competência na produção de pacotes de software de alta qualidade que não incluem quaisquer erros.

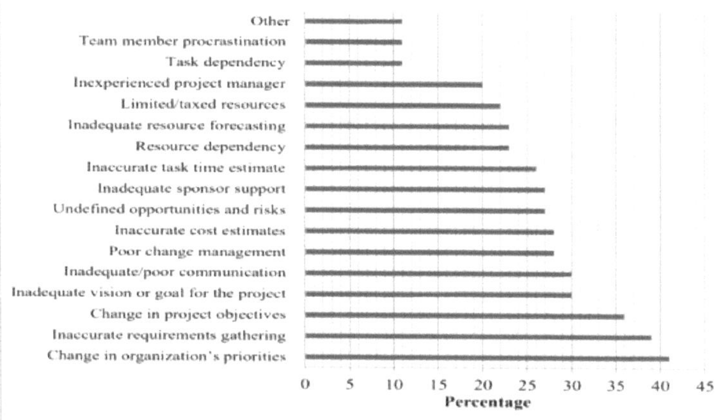

Figura 4.3: Causas de Falha do Projeto de Software

4.4 Causas da alteração dos requisitos

A maioria das grandes empresas actuais, quando se trata de gerir as alterações de software e a gestão de requisitos, recorre a várias ferramentas e modelos. Estes processos destinam-se a exercer controlo sobre todas as alterações propostas e sobre o ciclo de vida do desenvolvimento do projeto. Por outro lado, algumas ferramentas desta categoria são baseadas em software, enquanto outras são mais portáteis e simples, como a caneta e o papel. A maioria destes procedimentos centra-se na aquisição de pedidos de alteração, na preservação dos requisitos, na garantia da fiabilidade dos requisitos e no tratamento dos pedidos de alteração. No entanto, as secções seguintes serão categorizadas e avaliadas com base nos processos atualmente utilizados para a análise do impacto das alterações (Anwer et al. 2019).

Uma das principais causas para a alteração do software é o facto de os requisitos estarem sempre a mudar. Desde a fase de elicitação até à conclusão do projeto, os requisitos de software estão sujeitos a alterações (Stroh et al. 2011). Além disso, as alterações dos requisitos representam a forma como o sistema se deve adaptar para continuar a ser valioso para os seus utilizadores e manter a sua posição como uma oferta competitiva no mercado. Por outro lado, este tipo de alterações representa um risco significativo, porque as alterações podem levar à degeneração do sistema programado. Por conseguinte, as alterações dos requisitos devem ser documentadas, controladas e rigorosamente regulamentadas para garantir a continuidade do sistema do ponto de vista técnico (Wahono 2003).

São vários os factores que provocam alterações nos requisitos. Tanto os factores internos como externos podem provocar alterações nas necessidades.

A avaliação exaustiva da literatura disponível que engloba as alterações de requisitos, a gestão de projectos de software e as disciplinas relevantes abriu caminho para a abordagem destas questões. Ao examinar os resultados desta avaliação da literatura, é criada uma base sólida para compreender os factores que influenciam as alterações de requisitos e as causas subjacentes. A Figura 4.4 apresenta as diferentes causas da alteração dos requisitos.

Figura 4.4: Causas da alteração dos requisitos

4.5.1 Definição do tipo de uma modificação de requisito

As alterações dos requisitos podem ser classificadas em três tipos: adição de requisitos, eliminação de requisitos e alteração de requisitos.

- *Adição de requisitos* : A adição de requisitos consiste em acrescentar um novo requisito para satisfazer as necessidades do cliente ou para colmatar eventuais lacunas não identificadas anteriormente.

  Funcional: Acrescentar caraterísticas ou funcionalidades adicionais ao software.

  Não-funcionais: Acrescentar requisitos adicionais de desempenho, usabilidade, segurança ou outros requisitos não funcionais.

- *Modificação de requisitos:* A modificação do requisito ocorre quando um requisito precisa de ser alterado devido a restrições tecnológicas ou para melhorar a conceção (Gao et al. 2019)

Funcional: Alterar ou melhorar a funcionalidade ou caraterísticas actuais.

Não-funcionais: Alterações aos requisitos não funcionais para melhorar a usabilidade, a segurança ou a fiabilidade do desempenho (Fu et al. 2012).

- *Supressão de requisitos:* A eliminação de requisitos implica a remoção de requisitos existentes que já não são relevantes ou necessários.

Funcional: Remoção de funcionalidades ou caraterísticas previamente definidas.

Não-funcionais: Eliminação de requisitos não funcionais que já não são necessários ou viáveis.

- Alteração do âmbito de aplicação:

Expansão: Adição de novos requisitos ou funcionalidades que alargam o âmbito do projeto.

Redução: Remoção de requisitos ou caraterísticas que reduzem o âmbito do projeto.

- Mudança de prioridade:

Repriorização: Reordenação dos requisitos com base na sua importância ou urgência (Paetsch et al. 2003).

- Mudança de ênfase: Mudança no foco ou ênfase da base de requisitos Mudança nos objectivos de um projeto em evolução ou nas necessidades comerciais.
- Requisitos das partes interessadas:

Necessidades do utilizador: Modificações dos requisitos com base na evolução das preferências dos utilizadores, feedback ou estudos de usabilidade.

- Requisitos comerciais: Actualizações dos requisitos para se alinharem com as estratégias empresariais em mudança, condições de mercado ou requisitos regulamentares.
- Mudança na integração do sistema: Sistemas externos: Modificações necessárias devido a alterações ou actualizações em sistemas externos, APIs ou software de terceiros.
- Interoperabilidade: Ajustes para garantir uma comunicação e compatibilidade perfeitas com outros sistemas ou componentes de software.
- Alteração dos requisitos de dados:
- Modelo de dados: Actualizações da estrutura de dados, do esquema da base de dados ou da representação de dados.

- Validação de dados: Alterações às regras de validação de dados, restrições ou verificações de integridade de dados.
- Alteração dos condicionalismos:
- Tecnologia: Ajustes aos requisitos para acomodar mudanças nas tecnologias ou plataformas subjacentes.
- Restrições orçamentais ou de recursos: Modificações dos requisitos com base em limitações orçamentais ou disponibilidade de recursos.
- Alteração dos requisitos regulamentares ou de conformidade:
- Legal ou regulamentar: Actualizações dos requisitos para garantir a conformidade com novas leis, regulamentos ou normas da indústria.
- Privacidade ou segurança dos dados: Alterações relativas à proteção de dados, regras de privacidade ou necessidades de segurança.

Existem vários factores para a mudança de requisitos em qualquer organização. As mudanças de requisitos nas organizações são comuns e podem ocorrer por vários motivos. Estas alterações são frequentemente uma parte natural do desenvolvimento de projectos, das operações comerciais e do crescimento organizacional. A Figura 4.5 apresenta diferentes factores para as alterações de requisitos.

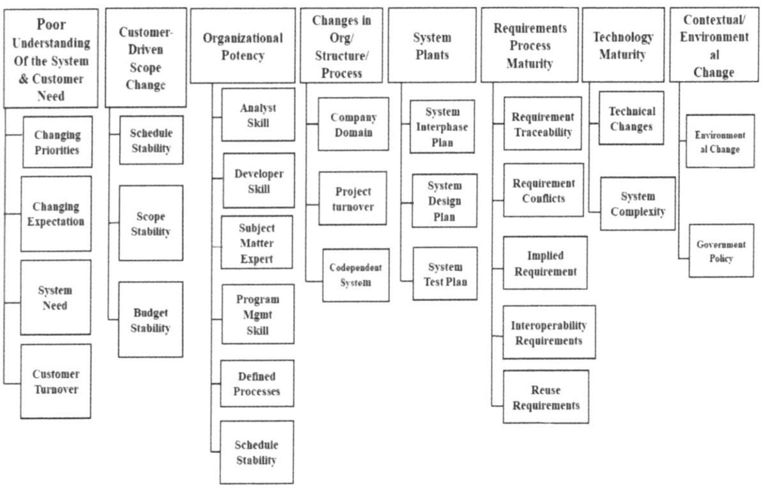

Figura 4.5: Vários factores de alteração dos requisitos

4.6 Atributos da alteração de requisitos

As alterações de requisitos são um aspeto inerente aos projectos de desenvolvimento de software, caracterizado por modificações ao conjunto inicial de requisitos do projeto. Estas alterações podem ocorrer devido a vários factores, incluindo a evolução das necessidades dos utilizadores, a dinâmica do mercado, os avanços tecnológicos ou as mudanças nas estratégias empresariais. Compreender os atributos das alterações dos requisitos é essencial para uma gestão eficaz do projeto e para o êxito dos seus resultados (Yusuf et al. 1999).

Este estudo explora os atributos das mudanças de requisitos em projectos de desenvolvimento de software e as implicações dos atributos para a gestão de projectos.

É efectuada uma análise exaustiva da literatura existente sobre alterações de requisitos, práticas de gestão de projectos e domínios conexos. Alguns atributos da mudança de requisitos são discutidos a seguir:

1. Tamanho dos requisitos: O tamanho do requisito refere-se ao número total de linhas e palavras utilizadas no documento do requisito.
2. Tipo de alteração: refere-se à adição, supressão e alteração de requisitos.
3. Formulário de pedido de alteração: O formulário de pedido de alteração é utilizado para receber pedidos de alteração e para registos posteriores.
4. Número de alterações propostas: Refere-se ao número de alterações de requisitos que são propostas.
5. Número de alterações aprovadas: Indica o número total de alterações aprovadas após análise com outros parâmetros.
6. Número total de requisitos: Refere-se ao número total de requisitos no documento de requisitos.
7. Número de requisitos revistos: Refere-se ao número total de requisitos revistos no documento de requisitos revistos.
8. Impacto da alteração dos requisitos: A análise da mudança refere-se ao processo sistemático de avaliação e apreciação das modificações ou alterações efectuadas a um projeto, sistema ou conjunto de requisitos. Implica examinar as razões da mudança, o seu impacto potencial e quaisquer riscos ou benefícios associados para tomar decisões informadas sobre a implementação ou rejeição da mudança(Mohagheghi e Conradi 2004).
9. As alterações dos requisitos podem ocorrer em qualquer momento do ciclo de vida do desenvolvimento, desde a fase de planeamento até à fase de implantação, e podem ocorrer com uma frequência variável (Wheatcraft et al. 2016).
10. Prioridade da alteração de requisitos: A prioridade da alteração de requisitos decide qual o requisito mais essencial para o

desenvolvimento.

Estas qualidades são adequadas quando os critérios estão bem documentados. No entanto, como cada empresa ou parte interessada tem a sua própria forma distinta de compreender ou comunicar necessidades, estas caraterísticas têm de ser ajustadas. Com base nas métricas supramencionadas, a maioria dos atributos adere aos princípios fundamentais da medição.

4.7 Identificação da alteração do requisito

A identificação da alteração dos requisitos desempenha um papel fundamental nos projectos de desenvolvimento de software. Envolve o reconhecimento e a documentação de modificações ou actualizações do conjunto inicial de requisitos do projeto (Cataldo et al. 2006). A importância da identificação da mudança de requisitos pode ser entendida a partir das seguintes perspectivas:

- Adaptação à evolução das necessidades: A identificação das alterações dos requisitos permite que os projectos de desenvolvimento de software se adaptem à evolução das necessidades. À medida que os projectos progridem, novos conhecimentos, feedback dos utilizadores ou mudanças nos requisitos comerciais podem exigir alterações aos requisitos iniciais. Ao identificar estas alterações, as equipas de projeto podem garantir que o produto final de software satisfaz as necessidades actuais e futuras das partes interessadas (Raharjo e Purwandari 2020).
- Alinhamento com os objectivos comerciais: A identificação exacta das alterações dos requisitos ajuda a manter o alinhamento entre os resultados do projeto e os objectivos comerciais. À medida que o contexto do projeto evolui, podem ser necessárias alterações para lidar com a mudança das condições de mercado, cenários competitivos ou requisitos regulamentares. Ao identificar e incorporar estas alterações, os projectos podem manter-se no bom caminho e apresentar soluções que cumpram os objectivos comerciais pretendidos (Unegbu et al. 2022).
- Gestão do âmbito do projeto: A identificação da alteração de requisitos é crucial para gerir eficazmente o âmbito do projeto. Ao identificar e documentar as alterações, as equipas de projeto podem avaliar o impacto no âmbito do projeto e determinar se este se encontra dentro dos limites definidos. Isto ajuda a evitar o desfasamento do âmbito e garante que as alterações são devidamente avaliadas, aprovadas e integradas no plano do projeto.

Quando qualquer uma das situações acima mencionadas surge depois de os clientes e os programadores terem chegado a acordo sobre o conjunto inicial de requisitos, pode criar-se um problema de alteração de requisitos. A prevenção e o controlo das alterações de requisitos exigem uma identificação precisa. Foi proposto um algoritmo de comparação de documentos de requisitos em duas fases para identificar alterações de requisitos no documento de requisitos.

Há muitos aspectos diferentes associados às mudanças de requisitos. No entanto, os dois aspectos seguintes são particularmente cruciais: o impacto no calendário do projeto e o impacto no orçamento do projeto. Ao gerir cuidadosamente estes dois factores, os intervenientes no projeto podem garantir que as alterações de requisitos são efetivamente controladas e que o projeto se mantém no bom caminho (Loconsole 2008).

- Número total de linhas alteradas no documento de requisitos revisto.
- Número total de palavras alteradas no documento de requisitos revisto.

O algoritmo proposto utiliza a ideia de linhas. A alteração das linhas é referida como uma alteração dos requisitos.

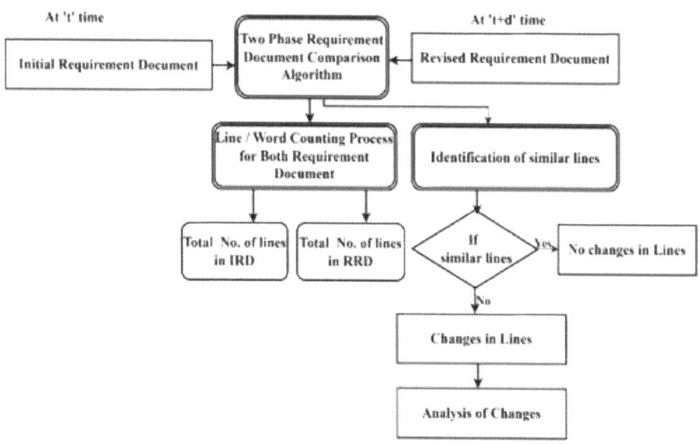

Figura 4.6: Fluxograma do Algoritmo Proposto

A imagem acima ilustra a recolha dos requisitos iniciais das partes interessadas no início de um projeto de software e a criação do documento de requisitos inicial no momento "t". À medida que o projeto avança, as partes interessadas podem solicitar alterações aos requisitos, o que resulta num documento de requisitos atualizado gerado no momento "t+d". Para encontrar as alterações nos documentos de requisitos, deve ser feita uma comparação entre as duas versões dos Documentos de Requisitos, por isso é proposto um Algoritmo de Comparação de Documentos de Requisitos em

Duas Fases. O nome deste algoritmo advém do facto de comparar os documentos de requisitos em duas fases distintas. Durante a primeira fase do processo, as linhas de ambos os documentos de requisitos são contadas e, em seguida, o número total de linhas em cada documento é comparado para determinar quais linhas foram adicionadas ou excluídas. Se o número de linhas do documento de requisitos revisto for superior ao do documento de requisitos inicial, presume-se que foram acrescentados requisitos e, se o número de linhas for inferior, presume-se que foram eliminados requisitos (Afaq, S.A. & Faisal, M .,2021). Ao calcular o número de linhas alteradas, as partes interessadas podem então tomar uma decisão informada sobre a aceitação ou rejeição do pedido de alteração.

4.8 Análise de interdependência de requisitos

A análise da interdependência dos requisitos é um processo que envolve o exame das relações e dependências entre os diferentes requisitos de um projeto de desenvolvimento de software. O objetivo é compreender como as alterações ou modificações de um requisito podem ter impacto noutros requisitos do sistema. Esta análise ajuda as equipas de projeto a identificar e gerir as interdependências entre os requisitos, garantindo que as alterações são implementadas de forma consistente e eficaz. Eis os pontos-chave a considerar ao efetuar a análise de interdependência de requisitos:

- Identificação de interdependências: O primeiro passo na análise de interdependência de requisitos é identificar as relações e dependências entre os requisitos. Isto pode ser conseguido através da revisão cuidadosa da documentação dos requisitos, das discussões com as partes interessadas e do conhecimento do domínio. Procurar dependências explícitas, tais como dependências funcionais ou de dados, bem como dependências implícitas que possam surgir devido à natureza do sistema ou dos processos empresariais.
- Avaliação do impacto: Uma vez identificadas as interdependências, é essencial avaliar o potencial impacto das alterações a um requisito nos outros. Esta avaliação do impacto ajuda as equipas de projeto a compreender os efeitos das alterações e a tomar decisões informadas sobre a implementação das alterações.
- Priorização e sequenciamento: Considerar a priorização e a sequência das alterações de requisitos com base em interdependências. Algumas alterações podem ter dependências que requerem pré-requisitos específicos ou precisam de ser implementadas numa determinada ordem. Ao compreender as interdependências, as equipas de projeto podem dar

prioridade e sequenciar as alterações para minimizar os conflitos e garantir uma implementação sem problemas.

- Colaboração e comunicação: A análise de interdependência de requisitos requer colaboração e comunicação entre os membros da equipa do projeto, as partes interessadas e os especialistas na matéria. Promover um ambiente que incentive o diálogo aberto e a troca de informações para identificar e tratar as interdependências de forma eficaz. Reuniões regulares, workshops ou sessões de colaboração podem facilitar as discussões e a tomada de decisões relacionadas às interdependências de requisitos.
- Análise do impacto da mudança: Combinar a análise da interdependência dos requisitos com a análise do impacto das alterações. Avaliar os impactos mais amplos das alterações dos requisitos na arquitetura geral do sistema, interfaces, estruturas de dados e outros componentes relacionados. Esta abordagem holística ajuda a compreender a extensão total das alterações e as suas implicações no sistema.

4.8.1 Análise de interdependência baseada em redes neurais

A mudança de requisitos é caracterizada como um risco para a viabilidade do software. Entretanto, é impossível desconsiderar todas as mudanças de requisitos. Muitas vezes, torna-se vital incorporar todas essas mudanças tardias para que o sistema funcione corretamente. Antes de implementar essas mudanças, é vital examinar as interdependências entre os requisitos. Ao atualizar um requisito que serve de base a outro requisito, é necessário fazer uma análise de impacto para determinar como a alteração afectaria o requisito interdependente do requisito de base(Dahlstedt e Persson 2005).

4.8.2 Benefícios da análise de interdependência baseada em redes neurais

a. Maior precisão: As redes neuronais podem captar padrões e relações complexas nos dados, permitindo uma previsão mais exacta das interdependências entre requisitos. Isto pode ajudar as equipas de projeto a tomar decisões informadas e a evitar potenciais conflitos ou consequências indesejadas das alterações dos requisitos (Medsker e Bailey 2020).

b. Análise automatizada: Uma vez treinado o modelo de rede neural, ele pode analisar automaticamente as interdependências sem a necessidade de intervenção manual. Isto poupa tempo e esforço às equipas de projeto, permitindo que estas se concentrem noutras tarefas críticas.

c. Lidar com a complexidade: Os sistemas de software têm frequentemente um elevado grau de complexidade, com numerosos requisitos e interdependências intrincadas. As redes neuronais estão bem adaptadas para lidar com essa complexidade e podem revelar relações subtis que podem ser difíceis de identificar utilizando técnicas tradicionais.

d. Adaptabilidade: As redes neuronais podem adaptar-se e aprender com novos dados, o que as torna flexíveis no tratamento de sistemas de software em evolução. As redes neuronais podem ajustar-se às mudanças nos requisitos e dependências, garantindo que a análise de interdependência permaneça exacta e relevante ao longo do tempo.

4.8.3 Antecedentes da rede neural

As redes neuronais artificiais devem ter um comportamento semelhante ao do cérebro humano, tanto em termos de estrutura organizacional como de capacidade de processamento de informação. As entidades computacionais que servem de componentes funcionais de uma rede neuronal são comparáveis aos neurónios que se encontram no cérebro humano. Uma ou mais camadas destas ligações neuronais constituem o que se designa por rede neuronal. Todas estas ligações neuronais têm pesos sinápticos semelhantes entre si. A arquitetura da rede neuronal contém três camadas: a camada de entrada, a camada oculta e a camada de saída. Cada nó da camada oculta e da camada de saída aplica uma função de transferência tan-sigmoide, ou seja, (2/ (1+exp (-2*n))-1) aos diferentes pesos das ligações. As redes multicamadas feed-forward utilizam a propagação inversa como método de formação padrão (Dongare et al. 2012).

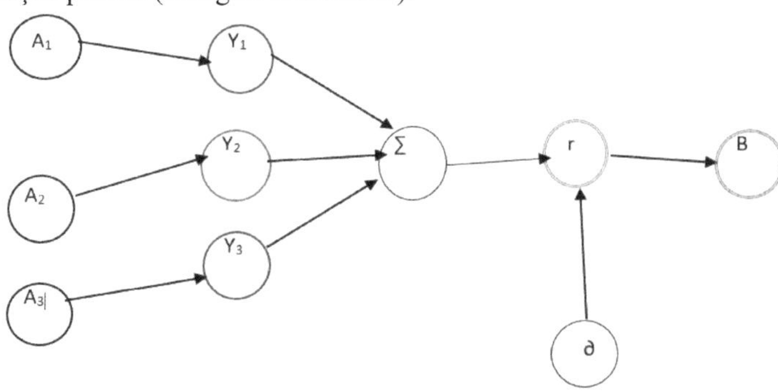

Figura 4.10: Estrutura do neurónio

4.8.4 Atributos para analisar a interdependência de requisitos

É mantido um Repositório de Requisitos "R" para armazenar todos os requisitos alterados identificados durante o processo de implementação acima referido. Um Repositório de Requisitos "R" é mantido para armazenar todos os requisitos alterados identificados durante o processo de implementação acima. Os requisitos no repositório de requisitos R são organizados de modo a que $R=\sum_i^n (R_i , R_j, R_k .... R_n)$. Inclui informações sobre interdependências, os requisitos e quaisquer definições e descrições de propriedades associadas (Sadia et al. 2019).

O conjunto de caraterísticas a seguir descreve um requisito Ri:

{ID do requisito, *nível de interdependência, classificação da alteração,* índice *de dificuldade}*

ID do requisito: É o identificador especial de cada requisito.

Nível de interdependência: Estabelece o grau em que um requisito é dependente de outro. É calculado pela variável ***Nível de Interdependência***.

Classificação da mudança: A classificação da alteração refere-se à classificação ou prioridade dos requisitos alterados que são considerados no momento do pedido de alteração pelo cliente.

Índice de dificuldade: O índice de dificuldade é avaliado a partir da gama de níveis de interdependência.

É efectuado um escalonamento para mapear o ***Nível de Interdependência*** para o Índice de **Dificuldade**.

Tabela 4.3: Índice de dificuldade dos requisitos

Intervalo do nível de interdependência	Índice de dificuldade
0-12%	Baixo
12-24%	Médio
24-48%	Elevado
>48%	Muito elevado (não deve ser considerado

4.8.5 Etapas da análise de interdependência

- Inicialmente, um gráfico (Figura 4.11) é criado a partir dos requisitos que estão no repositório de requisitos. Os requisitos são os "nós" do gráfico e as ligações entre os nós são as "arestas".
- Para o grafo, a matriz de adjacência A é encontrada no tempo t, e a matriz de adjacência B é encontrada no tempo t+d.
- Utilização do MATLAB para analisar a interdependência.
- Criar redes neuronais com a Caixa de Ferramentas de Redes Neuronais
- Vetor de entrada de valores (v).
- Definir valores-alvo (t).
- Construir uma rede neural.
- O processo de formação da rede neural.
- O resultado da formação
- A simulação de redes neuronais
- Avaliação dos resultados recolhidos.

Passo 1: Traçar o gráfico de interdependência de requisitos

Na primeira etapa da análise das dependências entre os requisitos, é elaborado um gráfico de interdependência de requisitos (RIDG) para os requisitos do repositório. Os requisitos num RIDG são representados como nós, e as ligações entre nós são mostradas como arestas. Para quaisquer dois requisitos (Ri), se Ri depender de (Rj), então aresta $Ri \rightarrow R_j$ deve estar presente no grafo.

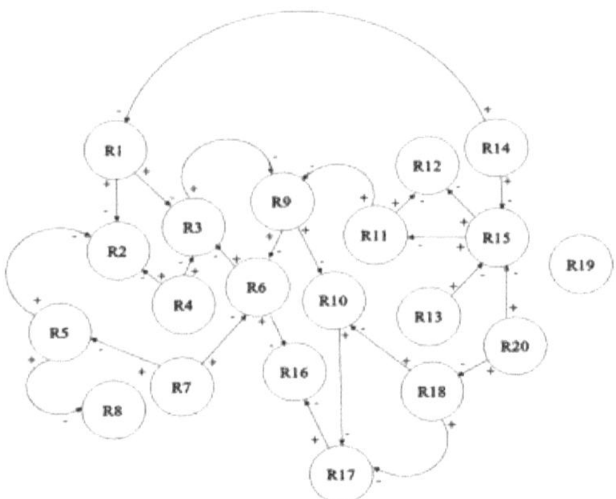

Figura 4.11: Gráfico de interdependência de requisitos (RIDG) A no momento "t

Etapa 2: Gerar a matriz de interdependência dos requisitos

A matriz de interdependência é utilizada para identificar as relações entre os requisitos, o que é útil quando se efectuam alterações a vários requisitos em simultâneo. A RIDM é uma matriz de adjacência de N*N. Os requisitos são introduzidos como entrada nas linhas e nas colunas. Tem três valores {0, 1 e -1}. É utilizada para calcular o nível de interdependência. As caraterísticas principais da matriz de interdependência dos requisitos são as seguintes

- **Deg ($R_{i(out)}$)** é o número de valores positivos numa linha que indica o grau em que um requisito interdepende de outros requisitos.
- **Deg ($R_{i(in}$**) é o valor negativo (-1), que explica o quanto depende de outro requisito.
- O número de valores negativos em qualquer campo de requisitos avalia o grau em que esse requisito serve de base para outros requisitos. Qualquer alteração a este requisito específico. Quando há números negativos, isso implica que esse requisito desempenha um papel central e actua como base de referência para os requisitos que dele dependem. Exigirá alterações aos requisitos interdependentes que possui (Afaq, S.A. & Faisal, M.,2022). O

quadro 4.4 apresenta a interdependência dos requisitos no momento t, em que são tidos em conta 15 requisitos; o quadro 4.5 apresenta os requisitos alterados após o momento t+d.

Quadro 4.4 Matriz de interdependência dos requisitos (MIDR) A no momento t

	R1	R2	R3	R4	R5	R6	R7	R8	R9	R10
R1	0	1	1	0	0	0	0	0	0	0
R2	0	0	0	0	0	0	0	0	0	0
R3	0	0	0	1	0	0	0	0	1	0
R4	0	1	1	0	0	0	0	0	0	0
R5	0	1	0	0	0	0	0	1	0	0
R6	0	0	1	0	0	0	0	0	0	0
R7	0	0	0	0	1	1	0	0	0	0
R8	0	0	0	0	0	0	0	0	0	0
R9	0	0	0	0	0	0	0	0	0	0
R10	0	0	0	0	0	0	0	0	0	1

Este processo em duas fases foi concebido para gerir as necessidades num ambiente dinâmico caracterizado por alterações contínuas. Implica a criação de duas tabelas para o mesmo conjunto de requisitos: uma no tempo "t" e outra no tempo "t+d". A figura 4.12 ilustra o gráfico de interdependência de requisitos no tempo "t+d".

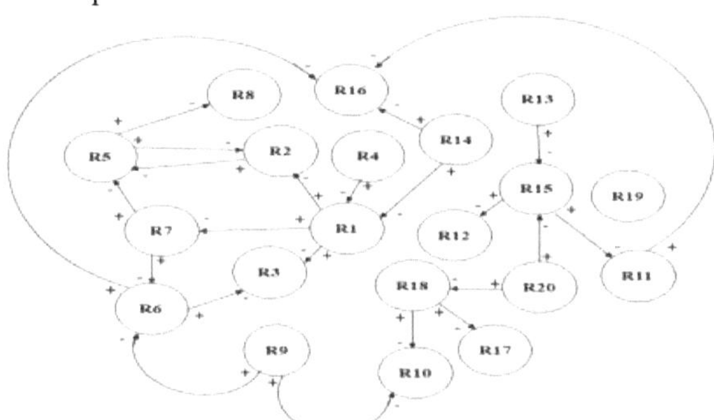

Figura 4.12: Gráfico de interdependência dos requisitos (RIDG) B no tempo "t+d

Quadro 4.5 Matriz de interdependência dos requisitos (RIDM) B no momento "t+d

	R1	R2	R3	R4	R5	R6	R7	R8	R9	R10

R1	0	1	1	0	0	0	1	0	0	0
R2	0	0	0	0	1	0	0	0	0	0
R3	0	0	0	0	0	0	0	0	1	0
R4	1	0	1	0	0	0	0	0	0	0
R5	0	1	0	0	0	0	0	1	0	0
R6	0	0	1	0	0	0	0	0	0	0
R7	0	0	0	0	1	1	0	0	0	0
R8	0	0	0	0	0	0	0	0	0	0
R9	0	0	0	0	0	1	0	0	0	1
R10	0	0	0	0	0	0	0	0	0	0

Passo 3: O MATLAB é utilizado para analisar a interdependência.

a) A caixa de ferramentas da rede neural é utilizada para criar uma rede neural.

b) Atribuir valores ao vetor de entrada (v) e atribuir valores-alvo (t)

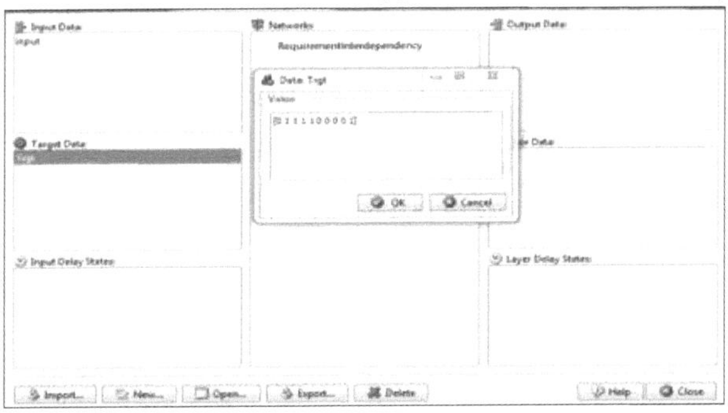

Figura 4.13: Atribuição de valores de entrada à rede neural

c) Criar uma rede neural com a caixa de ferramentas NN

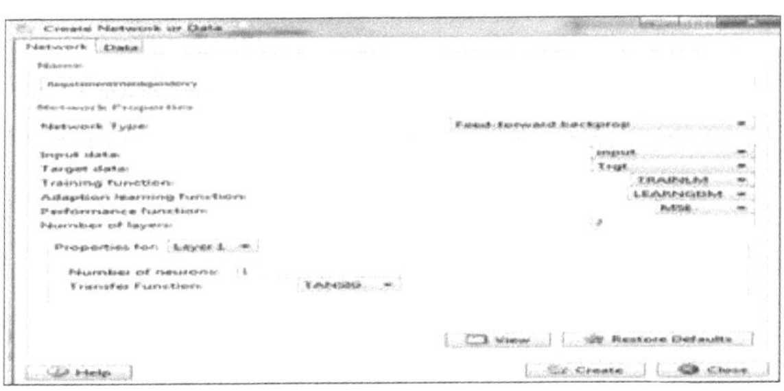

Figura 4.14: Criação de uma rede neural

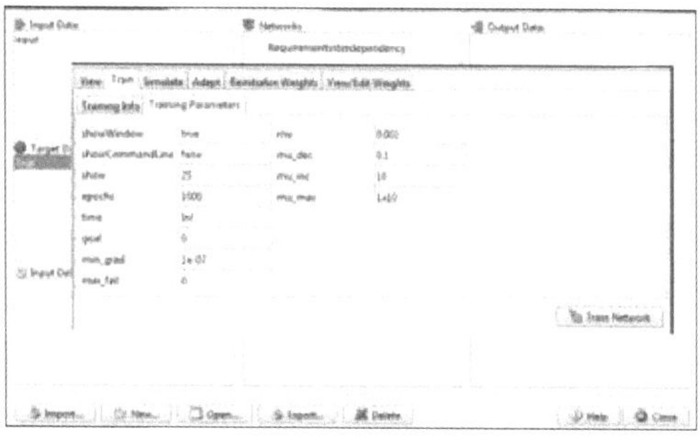

Figura 4.15: Propriedades da rede neural

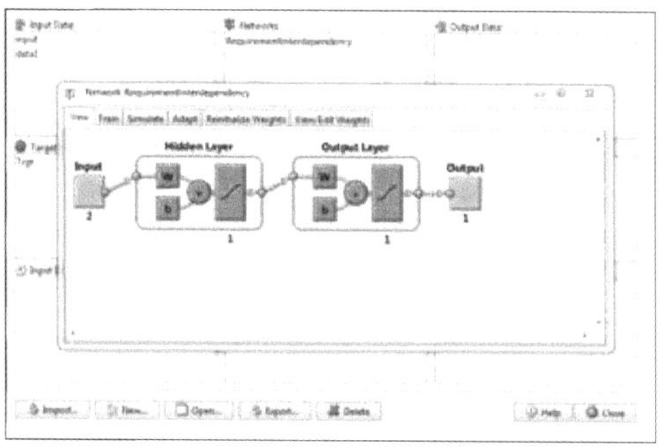

Figura 4.16: Rede neural

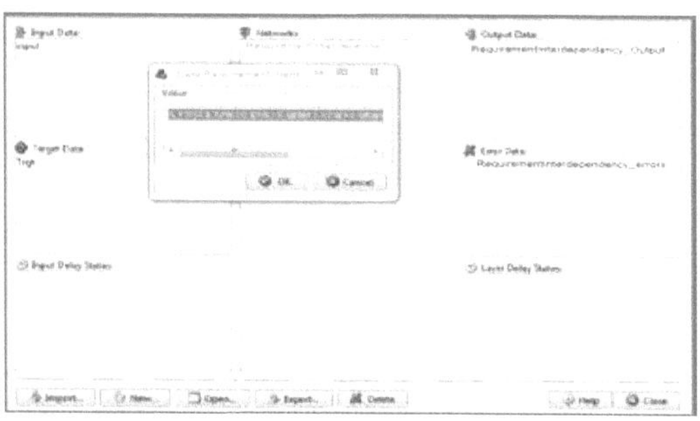

Figura 4.18: Saída da rede neural

No MATLAB, a caixa de ferramentas de rede neural é utilizada para a análise de interdependências entre requisitos. Uma rede neural, denominada "Análise de interdependência de requisitos", é construída com propriedades de rede específicas, enquanto os valores do vetor de entrada (v) são atribuídos da seguinte forma: v = {0 0 0 0 0 0 0 0 0 0 0 0 0, 0 1 0 1 0 1 0 0 0 0}, e os valores-alvo (t) são atribuídos como t ={01 0 1 0 1 0 0 0

0}. A rede neural é criada com a análise de interdependência de requisitos e as seguintes propriedades da rede são ilustradas na tabela 4.6.

Tabela 4.6: Propriedades da rede neural

Nome	RequisitoInterependênciaAnálise
Propriedades da rede	
Tipo de rede	**Feedforward Propagação inversa**
Gama de entrada	**[0,1;01]**
Função de formação	TRAINLM
Adaptação Função de aprendizagem	LEARNGDM
Função de desempenho	MSE
N.º de camadas	2

4.9 Análise dos resultados

Para realizar a análise de interdependência dos requisitos, foi construída uma rede neural com os atributos da rede descritos na secção anterior. A rede neural é treinada e, uma vez efectuada a simulação da rede neural proposta, obtêm-se os resultados do treino. O estudo dos resultados demonstra a relação entre o requisito alterado. A entrada com o valor "1" no vetor de saída mostra a interdependência entre a respectiva exigência, enquanto a entrada com o valor "0" não mostra a interdependência entre a respectiva exigência. Os resultados obtidos com a rede neural estão representados na Matriz R. (tabela 4.6).

Tabela 4.7: Resultado da rede neural na matriz R

	R1	R2	R3	R4	R5	R6	R7	R8	R9	R10	R11	R12
R1	0	1	1	0	0	0	0	0	0	0	0	0
R2	0	0	0	0	0	0	0	0	0	0	0	0
R3	0	0	0	1	0	0	0	0	1	0	0	0
R4	0	1	1	0	0	0	0	0	0	0	0	0
R5	0	1	0	0	0	0	0	1	0	0	0	0
R6	0	0	1	0	0	0	0	0	0	0	0	0
R7	0	0	0	0	1	1	0	0	0	0	0	0
R8	0	0	0	0	0	0	0	0	0	0	0	0
R9	0	0	0	0	0	0	0	0	0	0	0	0
R10	0	0	0	0	0	0	0	0	0	1	0	0
R11	0	0	0	0	0	0	0	0	1	0	0	1
R12	0	0	0	0	0	0	0	0	0	0	0	0

4.10 Resumo

As causas da alteração dos requisitos podem ser classificadas em vários factores, incluindo factores externos, como alterações na regulamentação, exigências do mercado ou avanços tecnológicos, bem como factores internos, como a evolução das necessidades da empresa, o desfasamento do âmbito ou a compreensão incompleta dos requisitos durante as fases iniciais. Os atributos das alterações de requisitos fornecem informações sobre a natureza e as caraterísticas das alterações. Alguns atributos comuns incluem o tipo de alteração (por exemplo, funcional, não funcional ou emergente), a gravidade da alteração (por exemplo, menor, moderada ou maior) e o impacto da alteração noutros requisitos, nas partes interessadas ou no sistema como um todo. As equipas de projeto podem priorizar, avaliar e planear as alterações de requisitos através da análise destes atributos.

As interdependências entre requisitos referem-se às relações e dependências entre diferentes requisitos num sistema de software. Estas interdependências podem ser complexas e ter um impacto significativo no comportamento e na funcionalidade globais do sistema. A análise das interdependências entre requisitos ajuda as equipas de projeto a identificar potenciais conflitos, riscos e a extensão das alterações necessárias quando um requisito específico é modificado.

Capítulo 5: Priorização: Aproveitamento da lógica difusa para classificação de requisitos

5.1 Introdução

A prioritização de requisitos é um processo crucial no desenvolvimento de software que envolve a determinação da importância relativa e da urgência de diferentes requisitos. Ajuda as equipas de projeto a atribuir recursos, a tomar decisões informadas e a concentrar os esforços da equipa na entrega das funcionalidades e caraterísticas mais valiosas aos intervenientes. Ao dar prioridade aos requisitos, as equipas de projeto podem garantir que abordam primeiro as necessidades mais críticas, optimizam a utilização de recursos e cumprem eficazmente os objectivos do projeto (Olaronke et al., 2018).

Há vários factores a ter em conta na definição de prioridades para os requisitos:

- Valor comercial: Avaliar o valor comercial associado a cada requisito. Considere a forma como cada requisito contribui para as metas e objectivos gerais do projeto e o seu potencial impacto na organização ou nos utilizadores finais. Deve ser dada maior prioridade aos requisitos de maior valor comercial.
- Necessidades das partes interessadas: Compreender as necessidades e expectativas das diferentes partes interessadas, tais como clientes, utilizadores finais e consumidores. Identificar os requisitos que respondem diretamente às suas principais necessidades ou pontos problemáticos. Dar prioridade aos requisitos que têm um impacto significativo na satisfação das partes interessadas e na experiência do utilizador (Asghar et al., 2017).
- Viabilidade técnica: Avaliar a viabilidade técnica da implementação de cada requisito. Considerar a disponibilidade de recursos, conhecimentos, tecnologias e infra-estruturas necessárias para cumprir o requisito. Dê prioridade aos requisitos que podem ser implementados dentro das capacidades e restrições técnicas do projeto.
- Dependências: Identificar as dependências entre os requisitos. Considerar como a implementação de um requisito pode afetar a viabilidade ou a eficácia de outros requisitos. Dar prioridade aos requisitos que têm menos dependências ou dependências que podem ser facilmente geridas (Arponen, 2012).
- Riscos e restrições: Avaliar os riscos associados a cada requisito, incluindo potenciais desafios, restrições ou incertezas. Considerar os requisitos que ajudam a mitigar riscos ou restrições significativos como de maior prioridade. Além disso, dê prioridade aos requisitos que podem

minimizar potenciais atrasos no projeto, derrapagens de custos ou complexidades técnicas.

- Sensibilidade temporal: Considere a urgência ou a sensibilidade temporal de cada requisito. Dê prioridade aos requisitos que têm um impacto imediato no negócio ou no utilizador e que se alinham com restrições de tempo ou oportunidades de mercado. Os requisitos sensíveis ao tempo podem ter de ser tratados mais cedo para cumprir os prazos do projeto ou tirar partido de oportunidades limitadas no tempo (Garg & Singhal, 2017).
- Análise custo-benefício: Avaliar o custo e o esforço necessários para implementar cada requisito em comparação com os seus potenciais benefícios. Dar prioridade aos requisitos que proporcionem um maior retorno do investimento ou que ofereçam um valor significativo em comparação com os seus custos de implementação (Greer et al., 1999).
- Feedback do utilizador: Recolher o feedback dos utilizadores ou partes interessadas que interagiram com o sistema ou protótipos. Ter em conta o seu feedback na definição de prioridades, uma vez que o utilizador pode fornecer informações valiosas sobre as funcionalidades mais críticas e desejadas.

No processo de priorização de requisitos, é essencial envolver as partes interessadas relevantes, tais como gestores de projeto, proprietários de produtos, programadores e utilizadores finais. A colaboração e a criação de consensos podem ajudar a garantir que as diferentes perspectivas são consideradas, que os potenciais conflitos são resolvidos e que as prioridades estão alinhadas com os objectivos do projeto.

5.1 Técnicas de priorização de requisitos

As estratégias de atribuição de prioridades aos requisitos têm frequentemente em conta o custo e o benefício dos requisitos. São utilizados numerosos métodos para estabelecer a prioridade das necessidades com base na sua importância.

Vários factores, como o tempo, as caraterísticas, o custo e os recursos, condicionam um projeto de software. Os desejos e expectativas dos clientes são dinâmicos e dependem de vários factores que mudam. A prioritização dos requisitos tem vindo a ganhar importância como meio de determinar a potencial relevância em termos de aumento da satisfação do cliente, enquanto se prepara o lançamento de um novo protótipo ou versão. Este aspeto é extremamente crítico quando existem fortes limites de tempo e de recursos, uma vez que é necessário negociar e dar prioridade às

caraterísticas mais importantes a acrescentar para que o projeto seja bem sucedido (Beg et al., 2008).
A definição das prioridades das necessidades pode ser efectuada através de vários métodos atualmente disponíveis. Existe um número limitado de métodos quantitativos e lógicos que recolhem dados e selecionam uma prioridade(Bukhsh et al., 2020). Algumas abordagens utilizam agrupamentos e generalizações informais para definir a prioridade. As técnicas de definição de prioridades das necessidades são apresentadas nas secções seguintes:

5.1.1Processo de hierarquia analítica

Para lidar com as complicações de tomar decisões com base em múltiplos critérios, foi desenvolvido este método estatístico. Está a ser utilizado na atribuição de prioridades aos requisitos com base nas suas caraterísticas de risco, tempo e importância. Ao comparar duas condições, é possível estabelecer qual delas é mais crucial. "O processo efectua n x (n-1) / 2 comparações para o número n de requisitos". O cálculo destas avaliações torna-se mais moroso quando existe um grande conjunto de requisitos. A consistência e a tolerância ao erro estão incluídas nesta abordagem. É possível utilizar o AHP para tomar decisões que tenham componentes qualitativas e quantitativas (Win et al., 2020).

5.1.2 Abordagem custo-valor

Karlsson e Ryan (1996) desenvolveram um método para dar prioridade aos requisitos com base no seu rácio valor-custo. O rácio valor-custo é calculado utilizando a metodologia AHP e o gráfico resultante é utilizado como entrada para uma decisão de libertação. A utilização do AHP não é necessária para visualizar claramente os valores deste método num diagrama de custo-benefício, devido à simplicidade do trabalho com os dados bidimensionais envolvidos (Dahiya & Solanki, 2021).

5.1.3Priorização da árvore B

A técnica B-Tree de definição de prioridades pode ter em conta a natureza evolutiva das necessidades, que não param de surgir. Esta técnica segue o conceito de árvore binária, que inclui uma função para fazer corresponder os requisitos criados na sua escala de prioridades ao conjunto de requisitos já priorizados. Esta técnica pode ser utilizada em tempo real, o que significa que a definição de prioridades pode começar quando nem todos os requisitos tiverem sido estabelecidos, e os requisitos em atraso podem ser acrescentados e eliminados posteriormente. Se todo o conjunto de requisitos for conhecido numa fase inicial, preserva-se o número estático de comparações para a priorização de requisitos. Além disso, os resultados da técnica são muito mais apresentáveis do que os de outras abordagens acessíveis (Kaur & Bawa, 2013).

5.1.4Avaliação numérica

A escala ordinal é utilizada nesta técnica, mas os requisitos são reunidos num grupo distinto com o qual as partes interessadas se podem relacionar. São frequentemente utilizadas três classificações para atingir o objetivo: crítico, padrão e opcional. É utilizada uma escala ordinal para categorizar os requisitos. Cada parte interessada começa por dividir todos os requisitos em vários grupos. O interveniente fornece um número de 1 a 5 para cada requisito em cada grupo, com base na sua opinião. As prioridades finais são determinadas pela média das classificações dos requisitos apresentadas pelos intervenientes (Aasem et al., 2010). É bastante simples para as partes interessadas organizarem os requisitos em alguns grupos. O número de grupos pode ser aumentado ou diminuído em função dos parâmetros. Embora a abordagem seja amplamente útil, tem vários inconvenientes (Suradi et al., 2015). Um dos principais desafios é a definição exacta dos agrupamentos. Em geral, as partes interessadas consideram a maioria dos requisitos como vitais, e a maioria dos requisitos é considerada como estando implementada, o que pode induzir em erro o objetivo da definição de prioridades. Outro problema é a obtenção de uma prioridade única, uma vez que todos os requisitos estão divididos em três grupos, cada um dos quais tem um número variável de requisitos com a mesma prioridade, o que implica que cada requisito não recebe uma prioridade única(Dahiya & Solanki, 2021).

5.1.5Técnica de classificação

A escala ordinal é usada na técnica de classificação; no entanto, a classificação é determinada sem levar emconta possíveis empates na posição. A técnica classifica o requisito mais importante e o menos importante1 como "1" e "n" (para n requisitos), respetivamente. São utilizadas várias técnicas de ordenação, como a árvore de pesquisa binária, a ordenação por bolhas e a ordenação rápida, para obter as classificações dos requisitos. No entanto, o método incorpora muitos aspectos dos requisitos, entrelaçando a prioridade média de cada requisito específico (Achimugu et al., 2014). Este facto pode levar a conflitos entre a importância relativa dos requisitos e os princípios essenciais desta abordagem. Ao priorizar os requisitos de uma única parte interessada, este método é o mais adequado porque é simples e considerado de granularidade média (Hudaib et al., 2018).

5.2.6 Método de Moscovo

O método de Moscovo categoriza os requisitos em quatro níveis de prioridade: Deve ter, Deveria ter, Poderia ter e Não terá. Os requisitos obrigatórios são críticos e devem ser implementados na versão atual. Os requisitos "deveria ter" são necessários mas não críticos e podem ser considerados para versões posteriores. Os requisitos possíveis são desejáveis, mas podem ser adiados para versões futuras, se necessário. Os requisitos que não se pretende ter não são viáveis ou não têm valor suficiente para serem incluídos (Kravchenko et al., 2022).

5.2.7Modelo Kano

O Modelo Kano classifica os requisitos em cinco categorias com base no seu impacto na satisfação do cliente: Obrigatório, Unidimensional, Atrativo, Indiferente e Inverso. Os requisitos obrigatórios são expectativas básicas e devem ser cumpridos. Os requisitos unidimensionais têm um impacto direto na satisfação do cliente quando são cumpridos, mas não causam insatisfação quando não são cumpridos. Os requisitos atractivos proporcionam prazer aos clientes quando são cumpridos, mas não provocam insatisfação quando não são cumpridos. Os requisitos indiferentes não têm impacto significativo na satisfação do cliente, e os requisitos reversos podem levar à insatisfação se cumpridos (Malinka et al., 2022, Violante & Vezzetti, 2017).

Quadro 5.1: Análise comparativa da técnica de definição de prioridades

Técnica de definição de prioridades	Escala	Velocidade	Tolerância a falhas Escala ordinal (1-7)	Mais adequado para Número de Requisito	Complexidade
AHP	Rácio	Lento	1	Pequeno	Muito complexo
Hierarquia AHP	Rácio	Média	1	Pequeno, Médio	Muito complexo
Atribuição numérica	Nominal	Média	5	Médio, Grande	Muito fácil
Pesquisa binária	Ordinal	Média	4	Grande	Fácil
Votação cumulativa	Rácio	Rápido	3	Pequeno, Médio	Complexo

5.3 Medidas de priorização para o requisito de mudança

Para iniciar o processo de desenvolvimento de uma estratégia centrada na priorização dos requisitos de mudança, é necessário definir primeiro os atributos. A definição das prioridades destas necessidades de modificação pode ser determinada em função de muitas variáveis. Estes atributos são caracterizados por numerosas caraterísticas que indicam se os atributos estão ou não presentes. Uma vez identificadas todas as caraterísticas, a exigência é avaliada em função de cada caraterística (Veer Singh et al., 2019).

A chave para uma definição eficiente de prioridades é a seleção de factores precisos para a definição de prioridades. Durante este trabalho de investigação, são tidos em consideração vários factores diferentes. Após uma análise aprofundada destes factores com base nas respectivas funções, níveis de apoio ao projeto e impactos no processo de definição de prioridades, foram identificadas as seguintes métricas com potencial para obter melhores resultados durante o processo de definição de prioridades para as necessidades de mudança (Lia, 2022):

i. Nível de interdependência
ii. Alterar classificação
iii. Índice de dificuldade

Estas três medidas desempenham um papel significativo na determinação da ordem de prioridade das necessidades de mudança. Em comparação com outros factores, os factores identificados têm uma influência significativamente maior na prioridade das necessidades de mudança.

Quadro 5.2: Factores de priorização

Atributos	Descrição	Valores		
[illegible] Nível	Identifica o grau de dependência de um conjunto de requisitos de modificação em relação a outro conjunto de requisitos de modificação.	Baixo	Médio	Elevado
Alterar classificação	Define a classificação da necessidade de alteração que é decidida pelo cliente durante o pedido de alteração.	Baixo	Médio	Elevado
Índice de dificuldade	Define o índice de dificuldade que é avaliado a partir do nível de interdependência.	Baixa	Médio	Elevado

5.4 Visão geral dos sistemas de inferência difusa

A lógica difusa é uma forma eficaz de lidar com a indefinição e a granularidade da informação e é uma estratégia de resolução de problemas. Na maioria das vezes, um modelo difuso é utilizado quando as formas habituais de analisar dados não funcionam ou quando os dados estão errados, são incertos ou vagos. A ideia da teoria dos conjuntos difusos é o ponto de partida da lógica difusa. Trata-se de uma extensão da teoria dos conjuntos que consiste em limitações bem definidas. A teoria clássica requer uma compreensão profunda do sistema, enquanto o conceito difuso é puramente experimental e baseia os seus modelos no conhecimento e na experiência, em vez de ter um conhecimento especializado da matéria(Hudda et al., 2016). A Figura 5.1 representa as etapas do sistema de inferência difusa.

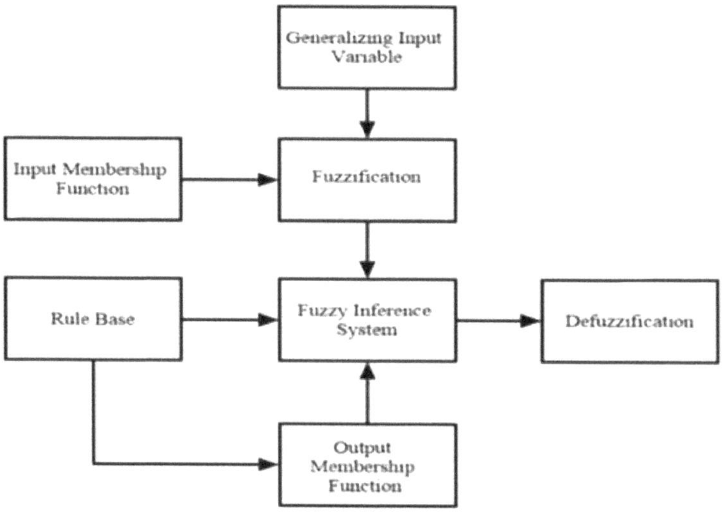

Figura 5.1: Representação do Sistema de Inferência Fuzzy

Com a ajuda de um motor de inferência difusa, um sistema que utilize a inferência difusa pode extrair respostas de uma base de conhecimentos. O motor FIS deve ser considerado como o cérebro do sistema pericial. Proporciona uma forma de refletir sobre os dados da base de conhecimentos e determinar os resultados. Em teoria, os sistemas de inferência difusa são muito fáceis de compreender. Existem três partes num FIS: as fases de entrada, processamento e saída. A fase de entrada é responsável pelo mapeamento das entradas para um grupo apropriado de classificadores e valores de verdade (Khang et al., 2020). A fase de processamento é responsável por chamar as regras adequadas e gerar resultados para cada regra. Posteriormente, adiciona os resultados de cada regra definida. A fase final, designada por fase de saída, é responsável pela conversão do resultado final em valores de saída específicos. A função de

associação é a função de ponteiro dos conjuntos clássicos. Pode ser caracterizada na estrutura de uma curva que fornece detalhes sobre todos os pontos na entrada que corresponde à função de associação. As funções de associação têm várias formas: triangular, trapezoidal e curvas em forma de sino. A etapa de entrada compara a entrada com o conjunto correto de funções de associação e os seus valores verdadeiros e corretos. Para cada regra, cabe à etapa de processamento chamar a regra correta e obter um resultado. Mais tarde, junta os resultados de todas as regras que foram criadas. O resultado é transformado num conjunto de valores de saída na fase de saída. A função de ponteiro dos conjuntos clássicos é a função de associação. A forma da curva da função de associação descreve como é atribuído um valor a cada ponto no espaço de entrada. A função de associação pode ter o aspeto de um triângulo, de um trapézio ou de uma curva em forma de sino, entre outras formas (Ruby & Balkishan, 2015).
Cinco operações essenciais constituem o sistema de inferência fuzzy: "fuzzificar" as entradas, "fuzzificar" os operadores, "implicar" os resultados, "agregar" as saídas e "defuzzificar" o resultado (Czabanski et al., 2017).
"A fuzzificação é o processo de determinar, utilizando funções de associação, o grau em que as entradas pertencem a conjuntos fuzzy aceitáveis. Se o predecessor de uma determinada regra incluir informações adicionais, o operador fuzzy pode ser utilizado para determinar um único valor(Ross, 2000). Para cada grau antecedente, as funções de implicação ajustam a saída do conjunto fuzzy. O procedimento de agregação utiliza os resultados de todas as regras e combina-os num único conjunto difuso. O resultado do procedimento de defuzzificação é um valor único e nítido, enquanto a entrada é a coleção fuzzy agregada (Sadiq & Jain, 2014).

5.4.1 Priorização de requisitos de mudança com a ajuda do Sistema de Inferência Fuzzy

Este estudo propõe um quadro baseado em fuzzy para dar prioridade aos requisitos de mudança. Os dados linguísticos são um tipo de dados que podem ser introduzidos num sistema baseado em fuzzy utilizando o método baseado em fuzzy. As três medidas acima enumeradas apoiam normalmente cada tipo de projeto. As três variáveis selecionadas para estabelecer prioridades funcionam como entradas linguísticas. A fase de entrada do modelo proposto para a definição de prioridades de requisitos de mudança consiste em três variáveis linguísticas. A classificação de prioridades é a única variável linguística na fase de saída (PR). Utilizando funções de filiação adequadas, as variáveis de entrada e de saída são mapeadas em conjuntos fuzzy (Sadiq, 2017). Nesta abordagem, o presente estudo consiste em 27 regras para o sistema de inferência difusa. O resultado incluirá estas regras depois de as mesmas terem sido compiladas. A classificação da prioridade das necessidades de mudança é o resultado do algoritmo de inferência fuzzy (PR). Quanto mais elevado for o número de PR, maior será a importância relativa da necessidade de alteração.

5.4.2 Descrição teórica do algoritmo

Passo 1: Priorização dos requisitos de mudança com a ajuda do sistema de inferência fuzzy

A implementação da técnica começa com a formulação do conceito de um conjunto difuso Um conjunto difuso é um conjunto sem uma fronteira claramente definida e distinta. Uma explicação de como cada ponto do espaço de entrada é transformado num valor de associação entre 0 e 1 é fornecida por uma curva conhecida como função de associação. A Tabela 5.3 mostra as cinco ferramentas gráficas fundamentais de inferência do utilizador para criar e observar sistemas de inferência difusa incluídas na Caixa de Ferramentas de Lógica Difusa do MATLAB:

Tabela 5.3: Passos Fuzzy

A. Editor FIS
B. MF Editor
C. Redator do Regulamento
D. Visualizador de regras
E. Visualizador de superfícies

Esta investigação utiliza a abordagem Mamdani, uma vez que é universalmente reconhecida para captar conhecimentos especializados. Permite também articular os conhecimentos especializados de uma forma mais natural e humana. Durante esta etapa, o operador de agregação combina os conjuntos difusos que resultam da aplicação das regras consecutivas. O conjunto fuzzy que é produzido como consequência é então defuzzificado para produzir a saída do sistema.

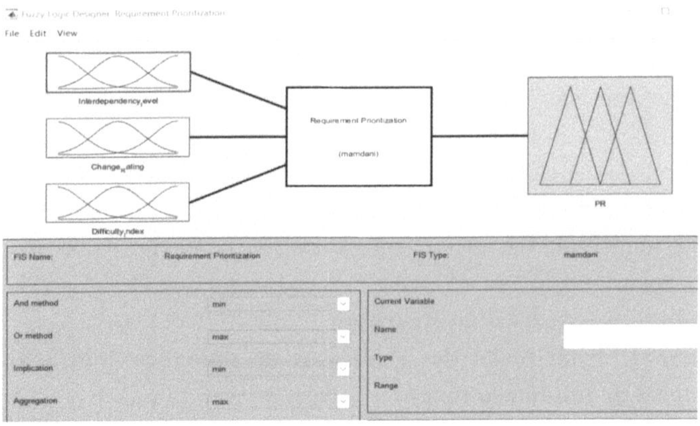

Figura 5.2: Editor do FIS para priorização de requisitos de mudança

Tabela 5.4: Regras Fuzzy

Interdependência	Alterar classificação	Índice de dificuldade	RP
L	L	L	H
L	L	M	H
L	L	H	M
L	M	L	H
L	M	M	M
L	M	H	M
L	H	L	H
L	H	M	M
L	H	H	M
M	L	L	L
M	L	M	M
M	L	H	M
M	M	L	M
M	M	M	M
M	M	H	L
M	H	L	M
M	H	M	M
M	H	H	M
H	L	L	M
H	L	M	L
H	L	H	L
H	M	L	M

H	M	M	M
H	M	H	L
H	H	L	M
H	H	M	M
H	H	H	L

Em que L=baixo, M=médio e H=alto e PR=classificação de prioridades

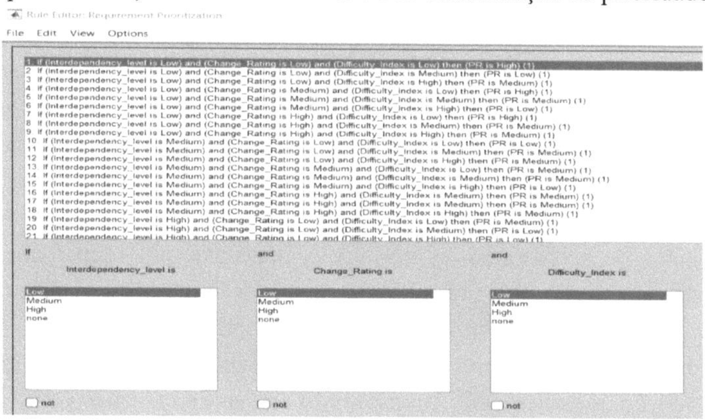

Figura 5.3: Editor de regras de priorização de requisitos de mudança

Passo 5: Vista da superfície

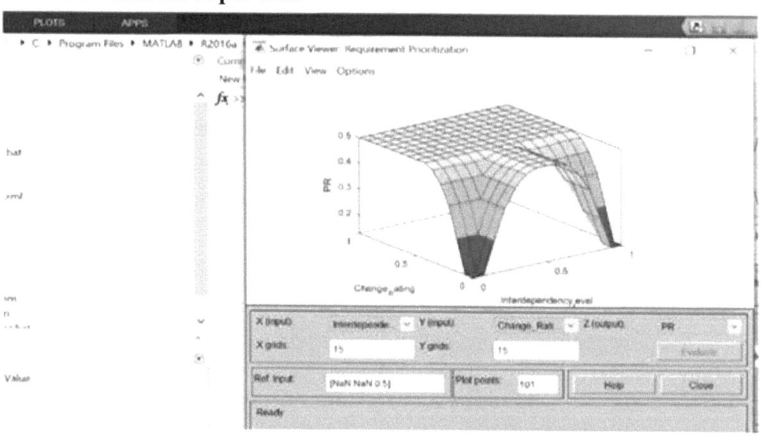

Figura 5. 4: Vista de superfície para a definição de prioridades das necessidades de mudança

5.5Estudo de caso

O parágrafo anterior propôs um método baseado em fuzzy para dar prioridade aos requisitos de mudança numa fase inicial do SDLC.
Nesta parte do artigo, o modelo que foi construído para avaliar as classificações de prioridade dos requisitos de mudança (PR) utilizando os factores de priorização de requisitos é utilizado num projeto de software para realizar uma análise adequada. Para realizar a investigação empírica, um sistema de informação de gestão baseado na Web (MIS) concebido para a Autoridade de Desenvolvimento Distrital (DDA) servirá de estudo de caso. A iniciativa implicava a criação de instituições de formação e investigação para promover o desenvolvimento rural. A utilização de aplicações baseadas na Web era necessária para que a DDA assegurasse o bom funcionamento destes departamentos. A conetividade à Internet de banda larga foi utilizada para ligar os computadores das sucursais de cada região. De acordo com as normas estabelecidas pelo departamento, o sistema deveria ter um elevado nível de segurança. Um servidor centralizado, localizado na DDA, deveria conter a base de dados a que todas as unidades deveriam aceder. O quadro seguinte apresenta uma descrição do projeto MIS baseado na Web que foi realizado como estudo de caso. Segue-se uma lista dos principais objectivos que o SIG baseado na Web para a DDA pretende alcançar:

1. A fim de reduzir significativamente o pessoal e a burocracia, bem como
2. de modo a oferecer proteção contra o acesso não autorizado.
3. Prestar assistência na produção dos vários tipos de relatórios necessários para
4. Melhorar a eficiência do trabalho de processamento na DDA
5. Ter uma Inferência do Utilizador de fácil utilização em hindi.
6. Ajudar os utilizadores a obter todas as informações de forma fácil e eficaz.
7. Gerar diferentes relatórios conforme e quando necessário em consultas personalizadas.

Os pormenores do projeto são apresentados no Quadro 5.5.

Quadro 5.5: Detalhes do projeto

Dimensão da equipa de projeto	06
Duração do projeto	6 meses
Categoria do projeto	Aplicações Web

Plataforma	ASP.NET **Frontend**, O MS-SQL Server 2000 é utilizado como **Backend**
Tecnologia	Aplicações Web
N.º de requisitos funcionais	80
N.º de módulos	07

5.6 Resumo

A priorização de requisitos e pedidos de alteração é um aspeto crucial dos projectos de desenvolvimento de software. Podem ser utilizadas várias técnicas para a priorização de requisitos, incluindo o método MoSCoW, o modelo Kano, o Analytic Hierarchy Process (AHP), a pontuação ponderada, etc. Cada técnica oferece uma abordagem diferente para avaliar e classificar os requisitos com base em vários critérios, como o valor comercial, as necessidades das partes interessadas, a viabilidade técnica, as dependências, os riscos e a sensibilidade ao tempo.

Um passo crítico na engenharia de requisitos é a definição de prioridades. A caixa de ferramentas de lógica difusa do MATLAB é utilizada para implementar um algoritmo baseado na lógica difusa para dar prioridade aos pedidos de alteração. Dado que os requisitos estão sujeitos a alterações a qualquer momento durante o processo de desenvolvimento, a atribuição de uma ordem de prioridade aos requisitos sujeitos a alterações permitirá aos gestores de projeto lidar mais eficazmente com esses requisitos.

Capítulo 6: Análise e validação do quadro proposto para o impacto da mudança

6.1 Introdução

A análise do impacto das alterações é um aspeto crucial do desenvolvimento de software que envolve a identificação do impacto potencial das alterações efectuadas aos requisitos ou à conceção do software no resto do sistema (Stålhane et al., 2014). Permite que os programadores compreendam o potencial impacto das alterações, tomem decisões informadas sobre como proceder com as alterações e minimizem o impacto das alterações no sistema. A Análise do Impacto das Alterações ajuda os programadores a compreender o potencial impacto das alterações efectuadas aos requisitos e à conceção do software, permitindo à equipa tomar decisões informadas sobre a forma de proceder com as alterações (Ahmad et al., 2015). O processo envolve a análise do potencial impacto das alterações no sistema, a identificação das áreas do sistema que podem ser afectadas e a avaliação do risco associado às alterações (Ghosh et al., 2011).

O principal objetivo da Análise de Impacto das Alterações é minimizar o impacto das alterações no processo de desenvolvimento de software, garantir que as alterações não resultam em falhas do sistema e reduzir o custo e o tempo associados à correção de erros e bugs resultantes das alterações (Hassine et al., 2005).

A análise do impacto das alterações utiliza várias técnicas para avaliar as consequências das alterações nos sistemas de software. O objetivo da realização de uma análise de dependência é investigar as relações entre diferentes componentes para encontrar potenciais consequências enormes. Os testes de regressão têm por objetivo garantir que a funcionalidade previamente estabelecida não foi comprometida por uma alteração recente(Watson, 2008). As matrizes de impacto documentam as dependências e fornecem uma representação visual dos potenciais impactos. As análises do fluxo de dados e de controlo exploram a forma como os dados e a lógica do programa podem ser afectados. Além disso, a análise baseada em cenários centra-se em casos de utilização específicos, ajudando a identificar os potenciais impactos. A utilização destas técnicas ajuda as equipas a tomar decisões informadas e a gerir os riscos ao implementar alterações nos sistemas de software (Basri et al., 2015).

6.2 Medição da mudança de requisitos

A medição da alteração dos requisitos refere-se ao processo de quantificação e acompanhamento das alterações aos requisitos ao longo do ciclo de vida de um projeto. Envolve a identificação de alterações nos requisitos do projeto, a avaliação do impacto das alterações no projeto e a implementação de acções adequadas para gerir as alterações (Loconsole, 2008). A Figura 6.1 indica os diferentes tipos de medidas de alteração dos requisitos.

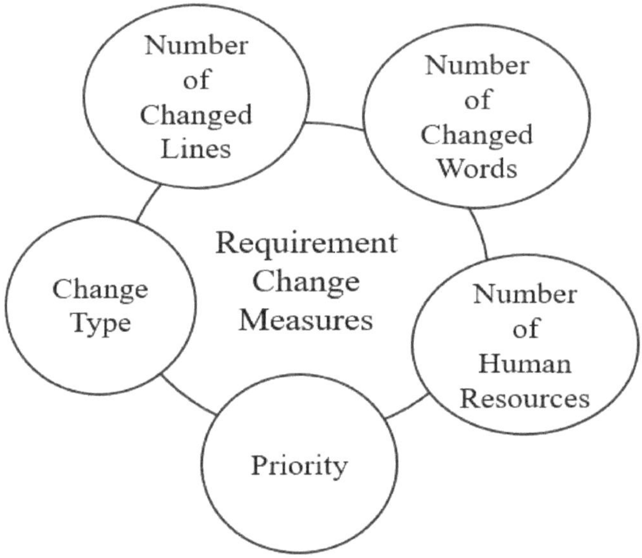

Figura 6.1: Medição da mudança de requisitos

É fundamental medir a mudança de requisitos para determinar quais as mudanças que têm mais impacto no projeto. Também é útil para prever o produto futuro e determinar se o projeto está ou não no bom caminho. Uma das boas práticas na gestão dos requisitos é a medição da alteração dos requisitos. Permite estabelecer limites para a quantidade de alterações aceitáveis ao longo de um projeto (Barki et al., 1993, Kennerley & Neely, 2003).

A medição da mudança de requisitos é um aspeto importante da gestão de requisitos em projectos de desenvolvimento de software. Envolve a quantificação e a avaliação da extensão e do impacto das alterações dos requisitos ao longo do projeto (Guevara-Vega et al., 2019). Ao medir a mudança de requisitos, as equipas de projeto podem acompanhar o progresso das mudanças, avaliar a eficácia dos processos de gestão da mudança e tomar decisões baseadas em dados para melhorar os resultados do projeto (Ali et al., 2013).

Algumas das medidas de alteração de requisitos são:

Seguem-se algumas medidas comuns utilizadas para gerir as alterações de requisitos num projeto:

- **Número de linhas modificadas:** Refere-se ao número de linhas modificadas nos documentos de requisitos.
- **Número de palavras alteradas:** Refere-se ao número de palavras alteradas nos documentos de requisitos.
- **Análise de impacto:** Trata-se de avaliar o impacto potencial de uma alteração de requisitos no projeto. Ajuda a determinar se a alteração é viável e que recursos adicionais poderão ser necessários para a implementar.
- **Prioridade:** Refere-se à prioridade da alteração de requisitos.
- **Tipo modificado:** Define o tipo modificado no novo documento de requisitos.
- **Recursos humanos:** O número de recursos humanos utilizados na alteração dos requisitos.
- **Número de alterações**: Refere-se ao número total de alterações (adição, eliminação, modificações).

6.3 Análise do impacto das alterações

O software é o componente mais versátil de qualquer sistema no que respeita à adaptação. É objeto de evolução ao longo da fase de requisitos e das restantes etapas do ciclo de vida do desenvolvimento do software.

Gerir eficazmente as actualizações de software é vital para satisfazer os clientes à medida que as suas necessidades aumentam. A aprovação excessiva de revisões leva a um aumento do tempo de conclusão do projeto e exige despesas adicionais.

Os clientes podem ficar insatisfeitos se o gestor de projeto decidir ignorar as melhorias sugeridas. O gestor de projectos de software deve tomar decisões informadas sobre a gestão da mudança durante o processo de desenvolvimento de software (Nurmuliani et al., 2006).

A análise do impacto das alterações é uma técnica que pode ser utilizada para fornecer estatísticas projectadas. Foram desenvolvidas várias metodologias de análise de impacto para a fase de manutenção do software.

Estas técnicas partem do princípio de que todas as classes do artefacto de classe estão completamente construídas e utilizam o artefacto de classe como um recurso analítico porque incorpora as necessidades finais do utilizador (Tung et al., 2015). Devido ao desenvolvimento em curso ou ao desenvolvimento incompleto de certas classes do artefacto de classe, estes pressupostos não são viáveis para a análise de impacto durante a fase de desenvolvimento do software (Haleem & Beg, 2015).

De acordo com um relatório de inquérito, cerca de 70% dos problemas surgem devido à evolução das necessidades dos clientes ao longo do processo de engenharia de requisitos. 70% dos desafios podem ser atribuídos a um exercício deficiente na gestão de requisitos.

Um trabalho de investigação examinou mais de 7.500 sistemas de software de mais de 300 grupos empresariais dos Estados Unidos. Um estudo revelou que apenas 50% dos projectos de software foram concluídos, enquanto mais de 30% ficaram inacabados.

De acordo com uma análise de 2018 do Standish Group, cerca de 83,9% dos sistemas de software estão incompletos ou falham completamente. De acordo com este inquérito, apenas 16,1% dos projectos de software foram concluídos com êxito dentro do prazo e do orçamento previstos, incluindo a maioria das funcionalidades necessárias.

Cerca de 52,8% dos projectos de software sofreram derrapagens orçamentais e de calendário ou foram concluídos com capacidade reduzida. Os restantes 31% são classificados como mal sucedidos, indicando que os projectos foram terminados ou abandonados.

As alterações de requisitos são os principais catalisadores de projectos problemáticos e fracassados. Os dados anteriores indicam que as alterações dos requisitos têm um impacto significativo no desenvolvimento de software. As alterações dos requisitos têm um impacto direto no processo de lançamento do software, bem como no calendário, no desempenho, no custo, nos objectivos, na qualidade e na segurança do projeto (Haleem & Farooqui,2021)._A Figura 6.2 refere o impacto da alteração de requisitos em vários parâmetros do projeto.

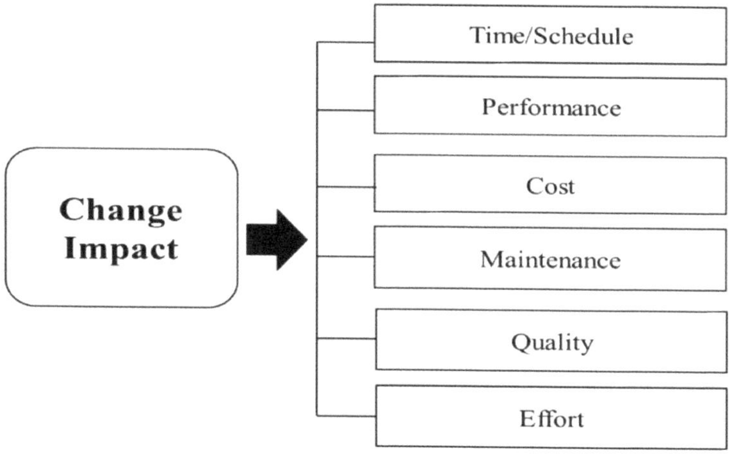

Figura 6.2. Impacto da mudança em diferentes parâmetros do projeto

Como já foi dito, a alteração dos requisitos tem um impacto substancial no ciclo de vida do desenvolvimento do software. As alterações às especificações têm um impacto substancial no calendário das versões do software, na frequência dos defeitos, nos recursos financeiros atribuídos e no desempenho global do projeto. Existe uma correlação negativa entre a frequência da modificação dos requisitos e os calendários dos projectos de software, a contagem dos defeitos, as despesas e o desempenho. O ciclo de vida do desenvolvimento de software consiste em vários processos, como a conceção, o desenvolvimento e o teste do software. A alteração dos requisitos pode ter um impacto significativo e de grande alcance em vários aspectos de um projeto ou organização. Em primeiro lugar, pode levar a alterações no âmbito do projeto, afectando potencialmente os objectivos e os resultados globais. Em segundo lugar, os custos e o orçamento podem ter de ser revistos para acomodar os recursos ou esforços adicionais necessários para os novos requisitos. Em terceiro lugar, o calendário e o cronograma do projeto podem ter de ser alargados ou reestruturados para incorporar as alterações, causando potencialmente atrasos. Em quarto lugar, a afetação de recursos pode sofrer ajustamentos para garantir que o pessoal e as competências corretas são atribuídos de forma adequada. A Figura 6.3 mostra a análise do impacto da alteração de requisitos e a Figura 6.4 mostra o formulário de pedido de alteração de requisitos.

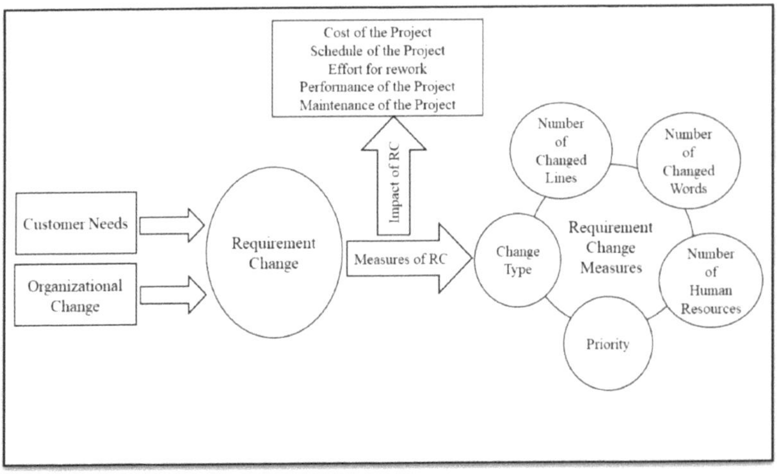

Figura 6.3: Análise do impacto da alteração dos requisitos

6.3.1 Algoritmo para a análise do impacto das alterações

// Definir parâmetros de modificação
changeType = ... // tipo de alteração (por exemplo, adicionar, apagar, modificar)
changeFrequency = ... // frequência da alteração (por exemplo, 1,2,3) máximo 3
changePriority = ... // prioridade da modificação (por exemplo, alta, média, baixa)
// Identificar as partes interessadas
partes interessadas = identifyStakeholders(changeType)
// Efetuar uma análise de impacto
impactAnalysis = performImpactAnalysis(changeType, partes interessadas)
// Estimativa de tempo, recursos humanos e custos
human_resourceRequired = estimateHuman_resourceRequired(changeType, priority, change frequency)
timeRequired = estimateTimeRequired(changeType, priority, change frequency)
costOfChange = estimateCostOfChange(changeType ,priority, change frequency)
totalCost = costOfChange + otherProjectCosts
// Criar um plano de implementação

```
implementationPlan = createPlan(human_resourceRequired, timeRequired, totalCost)
// Executar o plano de implementação
executePlan(implementationPlan)
// Estimar os recursos humanos necessários para implementar a mudança
human_resourceRequired = ...
return human_resourceRequired
função estimateTimeRequired(changeType, priority, change frequency)
// Estimar o tempo necessário para implementar a mudança
timeRequired = ...
return timeRequired
função estimateCostOfChange(changeType, priority, change frequency):
// Estimar o custo de implementação da mudança
costOfChange = ...
return costOfChange
função createPlan(human_resource, time, cost,):
// Criar um plano para implementar a mudança
plano = ...
)
plano de regresso
função executar o plano (plano de implementação):
// Executar o plano de implementação
Executar (plano de implementação)
```

6.3 Avaliação comparativa

A gestão da mudança de requisitos é, de facto, uma componente crítica do desenvolvimento organizacional e do sucesso no ambiente empresarial dinâmico e em constante evolução dos dias de hoje. Envolve a abordagem estruturada da transição de indivíduos, equipas e toda a organização de um estado atual para um estado futuro desejado, minimizando as perturbações e a resistência. Ao longo dos anos, numerosos estudos e especialistas propuseram várias estruturas e técnicas para gerir eficazmente a mudança nas empresas e noutras organizações. A eficácia de uma determinada estrutura ou técnica depende do contexto e das necessidades específicas da organização.

Seguem-se alguns quadros e técnicas populares de gestão da mudança que ganharam reconhecimento.

Tabela 6.1: Análise comparativa das abordagens existentes

S.N.	Autor	Abordagem sugerida	Estudo de caso	Atributos	Metodologia
1	M.A. Akbar, 2019	Quadro RCM	Implementação do SRCMIMM e desenvolvimento do software RCM	Segurança e proteção	Fase 1: Estabelecer a mudança Fase 2: Adoção do SRCMIMM
2	A. A. Alsanad, 2019	Quadro de ontologia multinível	Através da utilização de um inquérito e de uma análise de casos	Compreensibilidade	Avaliação SWOT dos métodos RCM
3	Saleem, 2019	Modelo de gestão da alteração dos requisitos	Gestão da configuração de software	Consistência	Passo 1: Examinar as causas da mudança Etapa 2: Prevenir situações de mudança
4	Pai Zheng, 2019	Estratégia inovadora	Indefinido	Capacidade de manutenção	Alterações de avaliação
5	Y. Yan, 2019	Sistema de gestão do conhecimento (métodos de transferência e partilha de conhecimentos)	Indefinido	Segurança, fiabilidade, eficiência	Conceção do SGC, factores que afectam a transferência de conhecimentos e métodos utilizados para a sua aplicação transferência
6	M. A. Akbar, 2018	Análise da alteração de requisitos	Desenvolvimento Global de Software Paradigma GSD	Eficiência Fiabilidade	Etapa 1: Análise da mudança Etapa 2: Identificação da mudança Etapa 3: Lidar com os desafios
7	S. Responder, 2018	CMP	Indefinido	Avaliação dos riscos, proteção, segurança e fiabilidade	Análise da mudança

8	M. Shafiq, 2018	Quadro RCM	Indefinido	Facilidade de manutenção Consistência	Para a avaliação, são utilizados inquéritos e entrevistas a peritos.
9	S. Jayatillek e, 2017	Análise RC	Sistema de gestão de cursos	Compreensibilid ade Eficácia, coerência	Etapa 1: Avaliação da mudança Etapa 2: Alterar a identificação Etapa 3: Determinar as dependência s

Para a avaliação comparativa, esta investigação centrou-se apenas em duas estratégias apresentadas por Saleem (Saleem et. al 2019) em 2019 e M. Shafiq (Shafiq et al. 2018) em 2018, porque estes quadros incorporam claramente a gestão da mudança no desenvolvimento de software. A comparação entre as técnicas propostas e as técnicas existentes foi efectuada e é apresentada no quadro acima. É efectuada uma análise comparativa com base no número de parâmetros incluídos, nas actividades abrangidas e nas questões abordadas. Para melhorar o desempenho do produto gerado, o quadro proposto inclui mais parâmetros do que os propostos por Hussain Saleem e M. Shafiq. Além de incluir um maior número de actividades, o quadro proposto para analisar a probabilidade de futuras mudanças no processo de desenvolvimento de software tem um maior número dessas actividades. A frequência das mudanças avaliadas e a prioridade das mudanças são maiores do que as dos dois quadros descritos acima. Isto proporciona uma abordagem eficiente para gerir os riscos potenciais durante o desenvolvimento do projeto de software.

6.5 Aplicação do quadro proposto

Determinar a probabilidade de ocorrência de várias variáveis de alteração de requisitos é uma tarefa crítica no domínio dinâmico da indústria do software. Este processo envolve a recolha de informações e dados de profissionais de software experientes, que possuem uma riqueza de conhecimentos e experiência na gestão de projectos de software. Para realizar esta tarefa, foi adoptada uma abordagem extensa e metódica, que consistiu em contactar estes especialistas da indústria através de um inquérito bem estruturado realizado no Google Form.

O inquérito foi meticulosamente conduzido para servir dois objectivos principais. Em primeiro lugar, procurou recolher informações demográficas essenciais sobre os inquiridos. Estas informações incluíam pormenores como o nome das empresas dos inquiridos, a dimensão das equipas de desenvolvimento de software, a experiência profissional na indústria do software e funções ou designações profissionais específicas. Estes factores demográficos são fundamentais para compreender as diversas origens e contextos dos quais os profissionais de software foram retirados.

Em segundo lugar, o inquérito debruçou-se sobre o domínio dos parâmetros relacionados com as necessidades. Isto envolveu uma exploração abrangente do panorama multifacetado dos factores de alteração dos requisitos. Essencialmente, o questionário sondou os aspectos intrincados dos projectos de desenvolvimento de software que são susceptíveis de mudança. A Tabela 6.2 indica o resumo dos resultados do inquérito.

6.5.1 Conceção do inquérito

O questionário foi criado através de uma análise meticulosa dos dados. Ao examinar os dados da amostra, descobriu-se que o inquérito incluía efetivamente os seguintes grupos:

- Equipa Dimensão do projeto
- Duração do projeto
- Tipo de projeto
- Perfil profissional dos especialistas no sector do software.
- Experiência profissional do perito.

Para além destas questões, foi solicitado aos peritos que expressassem a sua opinião sobre as práticas relacionadas com os requisitos. Com base nas perguntas que se seguem, foi formada a amostra de dados que se segue:

- Respostas para os problemas que se colocam devido às necessidades.
- Respostas para Necessidade de identificação precoce dos requisitos de mudança.

Quadro 6.2: Resumo dos resultados do inquérito

Survey Questions	Graphical Results	Analysis
Team Size of the project	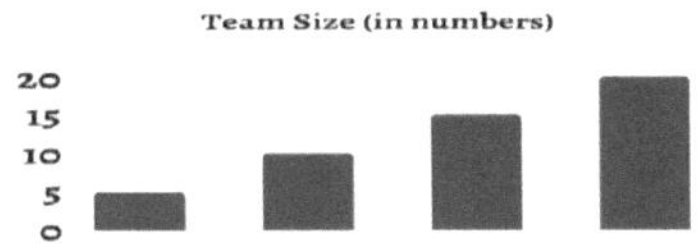	Less than 15 15.9 16 to 30 29.8 31 to 45 42.2 Above 45 12.1
Project Type	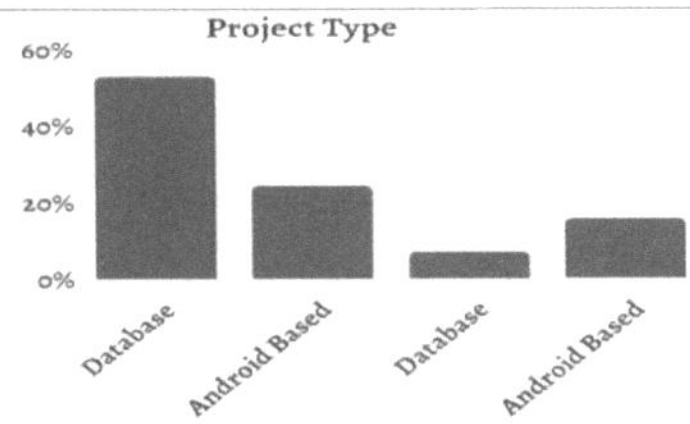	Web based 52.8 Window based 24.3 Database 7.1 Android Based 15.8
Job profile of the experts in the software industry		Database Designer 4.6 Developer 58.3 Debugger 5.3 Designer 27.7 DBA 4.8
Work Experience of the expert	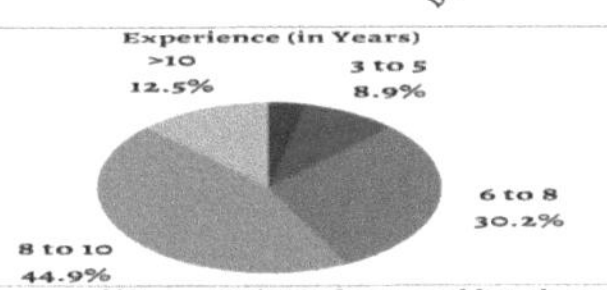	Up to 2 3.5 3 to 5 8.9 6 to 8 30.2 8 to 10 44.9 >10 12.5
Problem faced due to Requirement Change during project development	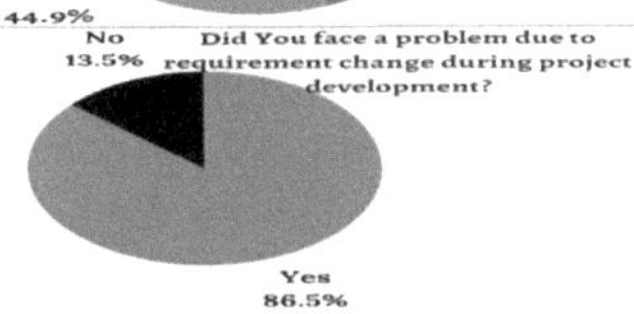	Yes 86.5% No 13.5%

6.6 Estudo de caso

De facto, a apresentação de exemplos ou estudos de casos pode aumentar o valor pedagógico das técnicas discutidas na gestão da mudança de requisitos. É apresentado um estudo de caso para ilustrar a aplicação prática de cada segmento do quadro proposto: Sistema de Informação de Gestão Universitária.

Quadro 6.3: Detalhes do projeto

Tamanho da equipa	5 Membros
Hora programada	8 meses
Tipo de projeto	Projeto baseado na Web
Plataforma	Janelas
Tecnologia	C# e SQL Server
N.º de requisitos funcionais	80

O "University Management Information System", um projeto académico de SIG, foi utilizado como um estudo de caso para analisar o modelo proposto.

Neste projeto, a equipa de desenvolvimento de software reúne os requisitos de várias partes interessadas da universidade para desenvolver o projeto de software. Os requisitos são recolhidos e documentados no Documento de Requisitos Iniciais.

1. Identificação da alteração do requisito:

Após um determinado período, a equipa de desenvolvimento de software recebe pedidos de alteração de requisitos, através do formulário de pedido de alteração de requisitos. Os requisitos alterados são reunidos no Documento de Requisitos Revisto. A equipa utiliza uma ferramenta de comparação de documentos de requisitos em duas fases para identificar a alteração de requisitos. A fase inicial identifica as alterações nos requisitos e a segunda fase mostra o número total de alterações. Esta abordagem garante que tanto as alterações significativas como as subtis são captadas de forma eficaz.

2. Priorização de requisitos por lógica difusa:

A equipa aplica a lógica difusa para dar prioridade aos requisitos alterados. A priorização dos requisitos é baseada numa abordagem difusa que considera a classificação das alterações.

3. Análise do impacto das alterações:

Este é o último segmento do projeto em que foi efectuada a análise do impacto da modificação. O tipo de mudança é categorizado como Adição, Eliminação, Modificação, a frequência da mudança é 1,2 e 3. A priorização da mudança é baixa, média e alta. A técnica avalia o impacto nos custos, no tempo e nos recursos humanos.

6.8 Validação e verificação do quadro proposto

6.8.1 Introdução à máquina de estados finitos

A máquina de estados finitos (FSM) é utilizada para apresentar um modelo computacional que descreve o comportamento estático e dinâmico de um sistema de software. A máquina é um dispositivo concetual que constrói um número limitado de estados. Produz um estado de cada vez através da interpretação de símbolos de entrada. A máquina tem um número finito de estados que podem ser construídos. A máquina de estados finitos (FSM) começa a sua operação a partir do estado inicial e prossegue até atingir o estado final (Mallery, 2005). O sistema tem a capacidade de processar qualquer cadeia de entrada que tenha um número finito de alfabetos. Uma dada cadeia de entrada pode ser aceite ou rejeitada pelo autómato de estado finito (Grieskamp et al., 2002).

6.8.2 Fundamentos do FSM

A máquina de estados finitos, um modelo matemático, é normalmente utilizada no desenvolvimento da programação de computadores. Além disso, é reconhecida como um autómato finito determinístico. Uma máquina de estados finitos pode ser definida da seguinte forma:

M = (S, Σ, δ, s0, F) em que

- S representa uma coleção finita de estados, enquanto Σ representa uma coleção finita de símbolos de entrada.
- A função de transição, representada por δ, aceita um símbolo de entrada e um estado como parâmetros e produz um estado. Na representação gráfica, o símbolo δ é representado como um arco que liga dois estados. Seja s representando um estado e x representando um símbolo de entrada. A função δ (s, x) define um estado l que está ligado a s por um arco rotulado x.s_0 significa um estado inicial que é um estado de S.
- F significa estado final.

Uma máquina de estados finitos é construída com base na descrição dada dos autómatos, com estados representados pela variável S e transições e símbolos de entrada denotados pelas variáveis δ e Σ, respetivamente.

A mudança de pré-requisitos é uma ocorrência comum no domínio do desenvolvimento de software industrial. É considerado um fator primordial que representa um risco para a gestão de projectos de software grandes e complexos. A implementação de abordagens eficientes de gestão dos requisitos pode controlar eficazmente a natureza dinâmica das necessidades de software e atenuar as despesas associadas (Muqeem & Beg, 2014).

Esta tese apresenta uma abordagem robusta para gerir eficazmente as alterações da procura ao longo do Ciclo de Vida de Desenvolvimento de Software (SDLC) que aborda os desafios colocados por estas necessidades voláteis e imprevisíveis. Em última análise, o processo de validação foi executado utilizando uma máquina de estados finitos. A abordagem de validação da estrutura utilizando máquinas de estados finitos (FSM) é demonstrada através da introdução de uma tabela de transição. As máquinas de estados finitos (FSM) são utilizadas para conceber uma técnica de verificação da exatidão do quadro sugerido. Esta abordagem utiliza máquinas de estados finitos (FSM) para produzir casos de teste. É altamente eficiente e fiável, uma vez que evita a criação de casos de teste inválidos.

6.8.3 Diagrama de transição do estado de conceção do quadro proposto

Um diagrama de transição de estados representa visualmente os vários estados e transições que um sistema ou objeto pode sofrer. É composto por estados, representados por nós, e transições, representadas por setas entre os nós. O diagrama mostra como o sistema passa de um estado para outro com base em eventos ou accionadores específicos. O sistema parte de um estado inicial e pode passar por diferentes estados com base em entradas ou acções. Cada estado representa uma condição ou situação distinta no sistema. As transições são identificadas por eventos ou acções que conduzem a alterações de estado. O diagrama de transição de estados fornece uma visão clara e concisa do comportamento do sistema e ajuda a compreender a sua natureza dinâmica. Os diagramas de transição de estados podem tornar-se mais complexos em sistemas complexos, com múltiplos estados e numerosas transições interligadas. Ao representar visualmente todos os estados e transições possíveis, o diagrama ajuda a captar o comportamento completo do sistema e a garantir uma análise e conceção completas. O requisito de software é considerado tanto o ponto de partida como o ponto de chegada da estrutura, referido como "s0". A Figura 6.8 mostra o diagrama de transição de estados para a estrutura proposta, enquanto a Figura 6.9 mostra a máquina de estados finitos para a estrutura sugerida.

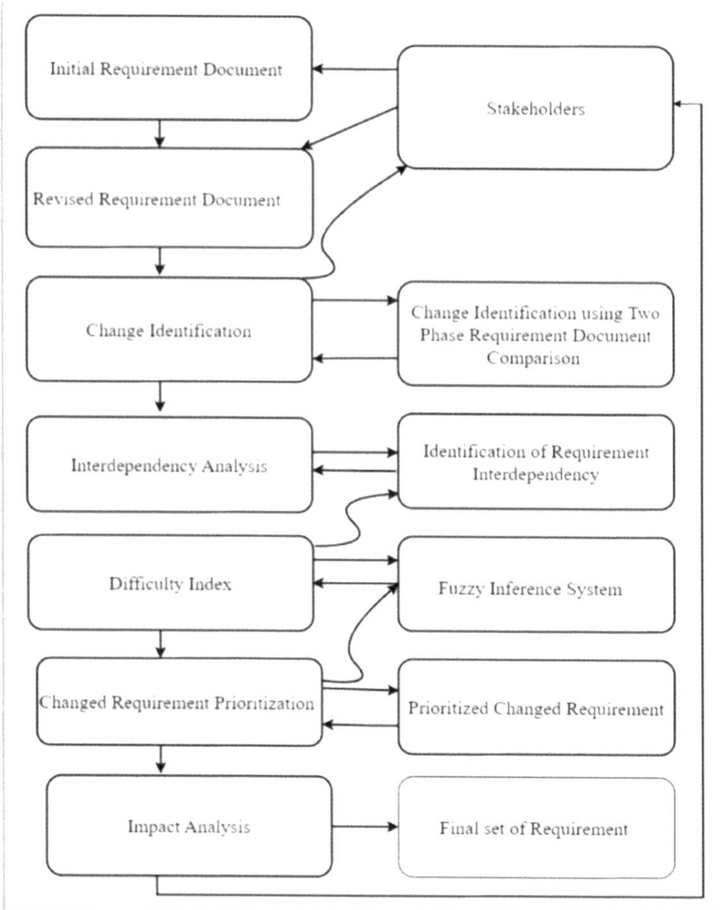

Figura 6.21: Diagrama de transição de estados para o quadro proposto.

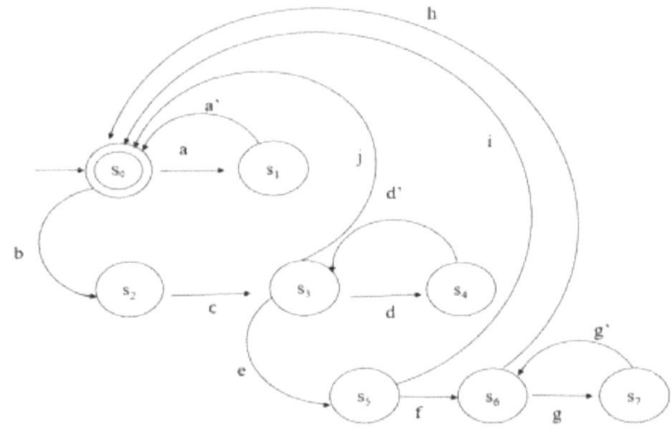

Figura 6.22: Máquina de estados finitos para o quadro

6.8.5 Tabela de transição para FSM

Uma tabela de transição de estados é uma representação estruturada das transições de estado de um sistema, mapeando os estados actuais para eventos e estados seguintes correspondentes. Simplifica comportamentos complexos num formato tabular. Cada linha representa um estado e as colunas indicam eventos. A tabela é valiosa para a análise, conceção e teste do sistema, identificando cenários possíveis e assegurando uma cobertura abrangente de todas as transições de estado.

O FSM acima representado ilustra a transição de estados de um estado para outro através de uma série de eventos, nomeadamente {a, b, b′, b″, c, ...j}. Estes eventos são considerados como estados finais desta máquina de estados finitos, enquanto o conjunto de estados {s0, s1, s2, s3, s4, s5} são considerados como estados não finais. O estado q0 serve tanto de estado inicial como de estado final. Foram geradas várias produções para a máquina de estados finitos e a tabela de transições resultante é apresentada na tabela 6.7.

Tabela 6.4: Tabela de transição de estado

Estado atual	**Evento**	**Estado seguinte**
s0	A	s_1
s0	B	s_2
s_2	C	s_3
s_3	D	s_4
s_3	E	s_5
s_3	J	s0

s_4	d'	s_3
s_5	F	s_6
s_5	I	s0
s_6	G	s_7
s_6	H	s0
s_7	g'	s_6

6.8.6 Regras de produção

São geradas várias regras de produção para a máquina de estados finitos acima referida, como se indica a seguir:

- $s_0 \rightarrow a\ s_1 \mid b\ s_2 \mid i\ s_0 \mid h\ s_0$
- $s_1 \rightarrow a'\ s_2$
- $s_2 \rightarrow c\ s_3$
- $s_3 \rightarrow d\ s4 \mid e\ s5 \mid j\ s_0$
- $s_4 \rightarrow d'\ s_3$
- $s_5 \rightarrow f\ s_6 \mid i\ s_0$
- $s_6 \rightarrow g\ s_7 \mid h\ s_0$
- $s_7 \rightarrow g'\ s_6$

Estas regras de produção podem ser definidas da seguinte forma:

- $s_0 \rightarrow a\ s1$: O FSM passará do estado s0 para o estado s1 se receber o símbolo de entrada 'a' enquanto estiver no estado s0.
- $s_1 \rightarrow a'\ s_2$: Se o FSM estiver no estado s1 e receber o símbolo de entrada 'a', então ele transita para o estado s2; caso contrário, ele permanece no estado s1.
- $s_0 \rightarrow b\ s_2$: O FSM passará do estado s0 para o estado s2 se receber o símbolo de entrada 'b' enquanto estiver no estado s0.
- $s_2 \rightarrow c\ s_3$ O FSM passa do estado s2 para o estado s3 quando recebe o símbolo de entrada 'c', se já estiver no estado s2.
- $s_3 \rightarrow d\ s_4$: O FSM passará do estado s3 para o estado s4 se receber o símbolo de entrada 'd' enquanto estiver no estado s3.
- $s_3 \rightarrow e\ s_5$: O FSM passará do estado s3 para o estado s5 se receber o símbolo de entrada 'e' quando estiver no estado s3.
- $s_3 \rightarrow j\ s_0$: Se o FSM estiver no estado s3 e receber o símbolo de entrada 'j', ele transita para o estado s .$_0$
- $s_4 \rightarrow d'$ s3O EFM passará do estado s4 para o estado s3 se receber o símbolo de entrada 'd' enquanto estiver no estado s4; caso contrário, permanecerá no estado s4.

- $s_5 \rightarrow$ f s6: Se o FSM estiver agora no estado s5 e receber o símbolo de entrada 'f', então passará para o estado s6.
- $s_5 \rightarrow$ i s0: O SFM passará do estado s5 para o estado s0 quando receber o símbolo de entrada I, se estiver atualmente no estado s5.
- $s_6 \rightarrow$ g s_7 : Quando o FSM está no estado s6 e recebe o símbolo de entrada 'g', ele irá para o estado s7 se a situação for satisfeita.
- s6 → h s0: O FSM passará do estado s6 para o estado s0 quando receber o símbolo de entrada 'h' se já estiver no estado s6.
- $s_7 \rightarrow$ g' s6: O FSM passará do estado s7 para o estado s6 se receber o símbolo de entrada 'g' enquanto estiver no estado s7.

em que s_0 , s_1 , s_2 , s_3 , s_4 , s_5 , s_6 e s_7 são os símbolos de estado e 'a', 'a'', 'b', 'c', 'd', 'd'', 'e', 'f', 'g', 'g'', 'h' e 'i' são os símbolos de entrada.

6.8.7 Gerar casos de teste para verificar as regras de produção

- **Caso de teste 1**

O quadro impõe que um documento de requisitos passe por todas as fases. Como se pode ver na Figura 6.7, não existe um caminho direto do estado s0 para o s7. Isso significa que o estado s0 está a passar pelos estados s1 a s7 antes de adicionar quaisquer novos requisitos.

- **Caso de teste 2**

O algoritmo de identificação da alteração identifica a alteração do requisito de software. Pode ser verificado através das seguintes produções:

s2 → cs3 s2 → b″s0 s3 → c′s2

- **Caso de teste 3**

A análise de interdependência refere-se ao exame do documento de requisitos para identificar quaisquer relações ou dependências que existam entre os diferentes requisitos. As saídas resultantes são então utilizadas para verificar a exatidão desta análise:

s7→g' s6 s6→ gs7 s4 → d's3

6.10 Resultado

Os resultados foram obtidos a partir do teste ANOVA, como se pode ver nas figuras acima, que mostram

Valor de significância p = 0,01, ou seja, $\alpha > p$, ($\alpha = .05$).

O resultado ilustra o valor de $p < \alpha$, pelo que a hipótese nula (H0) não é aceite e a hipótese alternativa (H1) é considerada verdadeira. Por conseguinte, é possível concluir que um fator significativo que contribui para o crescimento da alteração das necessidades é o elevado número de alterações das necessidades.

6.11 Resumo

A análise do impacto das alterações é um processo crucial no desenvolvimento de software que envolve a avaliação dos potenciais efeitos e consequências das alterações propostas num sistema. Ajuda as equipas de projeto a compreender como uma alteração numa parte do sistema pode ter impacto noutros componentes, funcionalidades e partes interessadas. O processo inclui a identificação e a documentação da alteração proposta, a análise do seu impacto em vários aspectos do sistema e a avaliação dos potenciais riscos e desafios associados à alteração.

O trabalho proposto é validado através da técnica FSM que mostra o comportamento dinâmico do sistema. A estrutura aqui proposta é um modelo promissor para lidar eficazmente com o problema da mudança de requisitos durante o ciclo de vida do desenvolvimento de software.

Capítulo -7: Conclusão e trabalho futuro

7.1 Introdução

A gestão da mudança de requisitos é um aspeto crucial do desenvolvimento de software que permite às partes interessadas gerir as mudanças de forma eficaz. Nesta tese, o estudo explorou as práticas actuais de gestão da mudança de requisitos e os desafios que as organizações enfrentam quando implementam práticas de gestão da mudança. A investigação proposta identificou vários factores críticos de sucesso: comunicação, envolvimento das partes interessadas e formação. Além disso, o estudo concluiu que a utilização de ferramentas automatizadas para a gestão das mudanças é fundamental para melhorar a eficiência e a eficácia do processo.

Este estudo demonstrou que as alterações aos requisitos podem ter um impacto significativo nos resultados do projeto e que a gestão dessas alterações é fundamental para o sucesso do projeto. O estudo concluiu que a gestão das alterações aos requisitos é um desafio, principalmente devido a factores como a recolha inicial inadequada de requisitos, a falta de envolvimento dos utilizadores e a má gestão do projeto.

Para gerir eficazmente as alterações aos requisitos, o estudo recomenda que as organizações implementem um processo estruturado de gestão das alterações que inclua a identificação e avaliação do impacto das alterações aos requisitos, a comunicação das alterações às partes interessadas e a gestão da implementação das alterações.

Em conclusão, a gestão eficaz das alterações de requisitos é essencial para o sucesso dos projectos de desenvolvimento de software. As organizações devem dar prioridade à gestão das alterações aos requisitos e implementar as melhores práticas para atenuar o impacto negativo das alterações nos resultados do projeto. Ao fazê-lo, as organizações podem melhorar a eficiência e a eficácia globais dos seus processos de desenvolvimento de software, resultando num software de maior qualidade e numa maior satisfação do cliente.

Os principais destaques deste trabalho de investigação são os seguintes:

- Exame da análise da literatura.
- Analisou os atributos e as causas da alteração dos requisitos.
- Propôs um algoritmo para identificar a alteração de requisitos num documento de requisitos.
- Priorização de requisitos alterados utilizando o sistema de inferência Fuzzy.

- Examinou o impacto da alteração de requisitos em diferentes parâmetros.
- Propôs uma estrutura eficiente para gerir a alteração de requisitos durante o desenvolvimento de projectos de software.

O quadro proposto ajudará a gerir a mudança de requisitos e a reduzir o seu impacto. Aborda três áreas problemáticas fundamentais da mudança de requisitos: Identificação da alteração das necessidades, avaliação e definição de prioridades das necessidades alteradas e gestão. É proposto um método de identificação para identificar a alteração das necessidades. É apresentado um algoritmo para a identificação da alteração das necessidades.

7.2 Trabalho futuro

Este estudo descreve vários aspectos da alteração de requisitos e propõe um quadro. O quadro foi concebido de forma a tratar todas as questões relevantes relacionadas com a alteração de requisitos.

Este trabalho de investigação limita-se a alguns aspectos. A direção da investigação futura pode incluir:

- A análise da alteração dos requisitos é efectuada com base em parâmetros disponíveis na literatura. É necessário um trabalho mais exaustivo para recolher mais parâmetros junto da indústria e dos peritos neste domínio de trabalho.
- O quadro é testado num conjunto de dados de amostra mais pequeno. Podem ser aumentados mais conjuntos de dados para obter melhores resultados.
- Mais mudanças de requisitos Os esquemas de gestão, especialmente os métodos de gestão de mudanças, devem ser incorporados no quadro.
- O método de identificação e comparação de documentos de requisitos pode ser melhorado através da incorporação da identificação de requisitos textuais e não textuais, melhorando assim a exatidão global e a abrangência do processo.
- O modelo proposto utiliza técnicas de rede neural e difusa; o panorama da análise da alteração de requisitos está a evoluir com as tendências e tecnologias emergentes, incluindo a integração da aprendizagem automática para previsões exactas e a cadeia de blocos para uma melhor rastreabilidade.

BIBLIOGRAFIA

Aasem, M., Ramzan, M., & Jaffar, A. (2010). Análise e otimização de técnicas de priorização de requisitos de software. 2010 Conferência Internacional sobre Informação e Tecnologias Emergentes, 1-6.

Abbasi, N., Wajid, I., Iqbal, Z., & Zafar, F. (2014). Estudos de caso de fracasso de projectos e sugestões.

Jornal Internacional de Aplicações Informáticas, 86(6).

Abd Elwahab, K., Latif, M. A. E., & Kholeif, S. (2016). Identificar e Gerenciar a Volatilidade dos Requisitos de Software. Jornal Internacional de Ciência da Computação Avançada e Aplicações, 7(5).

Abdel-Monem, M., Mansour, M., El-Maddah, I., & Mahdi, H. (2021, outubro). Avaliação da estratégia usando modelos de metas: A indústria de software como um exemplo de estudo de caso. Em Anais do 14º Workshop Internacional iStar (iStar 2021), Anais do Workshop CEUR (pp. 1-7).

Achimugu, P., Selamat, A., Ibrahim, R., & Mahrin, M. N. (2014). Uma revisão sistemática da literatura sobre a pesquisa de priorização de requisitos de software. Tecnologia da Informação e do Software, 56(6), 568-585.

Afaq, S. A., & Faisal, M. (2020). Influências da mudança de requisitos na falha de software.

4178, 4178-4184.

Afaq, S. A., & Faisal, M. (2021). Uma abordagem eficiente para a identificação de alterações de requisitos de software. 18(3), 1919-1926.

Afaq, S.A. & Faisal, M. (2022). An Efficient Model for Changed Requirement Prioritization using Fuzzy inference system", Advanced Engineering Science, vol. 54, no. 02, pp. 5565- 5581.

Ahmad, S. (2020). Uma revisão sistemática da literatura sobre os desafios de gerenciamento de mudanças de requisitos enfrentados pelos desenvolvedores.

Revista Internacional de Tecnologias Emergentes em Pesquisa de Engenharia (IJETER) Volume 8, Edição 5, maio (2020).

Ahmad, Hussain, M., Rehman, A., Qamar, U., & Afzal, M. (2015). Minimização do impacto da mudança de requisitos em projeto de software através da classificação de requisitos. Actas da 9.ª Conferência Internacional sobre Gestão e Comunicação de Informação Ubíqua - IMCOM '15, 1-5. https://doi.org/10.1145/2701126.2701174

Ahn, S., & Chong, K. (2007, agosto). Gestão de alterações de requisitos no rastreio de requisitos orientado para as caraterísticas. Na Conferência Internacional sobre Ciência Computacional e suas Aplicações (pp. 296-307). Berlim, Heidelberg: Springer Berlin Heidelberg.

Akbar, M. A., Khan, A. A., Mahmood, S., & Mishra, A. (2022). SRCMIMM: o modelo de maturidade de gestão e implementação de mudanças de requisitos de software no domínio da indústria global de desenvolvimento de software. Tecnologia e Gestão da Informação, 0123456789. https://doi.org/10.1007/s10799-022-00364-w

Akbar, M. A., Sang, J., Khan, A. A., & Hussain, S. (2019). Investigação dos desafios da gestão da mudança de requisitos no domínio do desenvolvimento global de software. Journal of Software: Evolution and Process, 31(10), e2207.

Akbar, M. A., Shafiq, M., Ahmad, J., Mateen, M., & Riaz, M. T. (2018). AZ-Model de gestão de mudanças de requisitos de software no desenvolvimento global de software. Conferência Internacional de 2018 sobre Computação, Engenharia Eletrónica e Eléctrica (ICE Cube), 1-6.

Akram, M., Fayaz, M. H., Shafi, M. I., Shafique, M. U., & Ali, I. (2007). Qualitative and quantitative study for requirement change management model.

Alam, M. D. (2016). Gestão de projectos na prática Uma orientação e uma caixa de ferramentas para o sucesso
Projectos.

Ali, H. O., Abd Rozan, M. Z., & Sharif, A. M. (2012). Identificando desafios de análise de impacto de mudança para projetos de software. Conferência Internacional de 2012 sobre Gestão da Inovação e Investigação Tecnológica, 407-411.

Ali, H. O., Abd Rozan, M. Z., & Sharif, A. M. (2013). Alterar questões de gestão de requisitos para um grande projeto de desenvolvimento de software. Journal of Information Systems Research and Innovation, 5, 63-69.

AlSanad, A., & Chikh, A. (2017). Gestão de Mudança de Requisitos de Software - Um Modelo Abrangente BT - Avanços Recentes em Sistemas e Tecnologias de Informação (Á. Rocha, A. M. Correia, H. Adeli, L. P. Reis, & S. Costanzo (eds.); pp. 821-830). Springer International Publishing.

Ansari, A., Khan, A., Khan, A., & Mukadam, K. (2016). Teste de regressão otimizado usando a priorização de casos de teste. Procedia Computer Science, 79, 152-160.

Anwer, S., Wen, L., & Wang, Z. (2019). Uma abordagem sistemática para identificar os desafios da gestão da mudança de requisitos: Preliminary results. ACM International Conference Proceeding Series, 230-235. https://doi.org/10.1145/3319008.3319031

Arora, A., & Athreye, S. (2002). The software industry and India's economic development.

Information economics and policy, 14(2), 253-273.

Arponen, A. (2012). Priorização de espécies para o planeamento da conservação. Biodiversidade e Conservação, 21, 875-893.

Asghar, A. R., Bhatti, S. N., Tabassum, A., & Shah, S. A. A. (2017). O impacto da avaliação analítica dos modelos de priorização de requisitos: um estudo empírico. Jornal Internacional de Ciência da Computação Avançada e Aplicações, 8(2).

Asif, M., Ali, I., Malik, M. S. A., Chaudary, M. H., Tayyaba, S., & Mahmood, M. T. (2019). Anotação de especificação de requisitos de software (srs), extrações de requisitos não funcionais e medição de seu tradeoff. IEEE Access, 7, 36164-36176.

Asuncion, H. U., Asuncion, A. U., & Taylor, R. N. (2010). Rastreabilidade de software com modelagem de tópicos. Anais da 32ª Conferência Internacional ACM/IEEE sobre Engenharia de Software-Volume 1, 95-104.

Aung, T. W. W., Huo, H., & Sui, Y. (2020). Uma revisão da literatura sobre recuperação automática de links de rastreabilidade para análise de impacto de mudança de software. Anais da 28ª Conferência Internacional sobre Compreensão de Programas, 14-24.

Bailin, S. C. (1989). Um método de especificação de requisitos orientado para objectos. Communications of the ACM, 32(5), 608-623.

Bairagi, V., e Munot, M. V. 2019. Metodologia de investigação: Uma abordagem prática e científica. CRC Press.

Bano, M., Imtiaz, S., Ikram, N., Niazi, M., & Usman, M. (2012). Causas da mudança de requisitos

- uma revisão sistemática da literatura. 16ª Conferência Internacional sobre Avaliação e Avaliação em Engenharia de Software (EASE 2012), 22-31. https://doi.org/10.1049/ic.2012.0003

Barki, H., Rivard, S., & Talbot, J. (1993). Toward an assessment of software development risk.

Journal of Management Information Systems, 10(2), 203-225.

Barki, H., Rivard, S., & Talbot, J. (2001). An integrative contingency model of software project risk management. Journal of Management Information Systems, 17(4), 37-69.

Barnes, T. (2013). A indústria de TI e o desenvolvimento económico na Índia: Um estudo crítico.

Journal of South Asian Development, 8(1), 61-83.

Basri, S., Kama, N., Ibrahim, R., & Ismail, S. A. (2015). Uma ferramenta de análise de impacto de mudança para fase de desenvolvimento de software. International Journal of Software Engineering and Its Applications, 9(9), 245-256. https://doi.org/10.14257/ijseia.2015.9.9.21

Bavarian, B. (2002). Introdução às redes neuronais para controlo inteligente. Revista IEEE Control Systems, 8(2), 3-7. https://doi.org/10.1109/37.1866

Beg, R., Abbas, Q., & Verma, R. P. (2008). Uma abordagem para priorização de requisitos usando b-tree. 2008 Primeira Conferência Internacional sobre Tendências Emergentes em Engenharia e Tecnologia, 1216-1221.

Benavides, D., Segura, S., & Ruiz-Cortés, A. (2010). Análise automatizada de modelos de caraterísticas 20 anos depois: A literature review. Sistemas de Informação, 35(6), 615-636.

Berry, D. M., & Kamsties, E. (2004). Ambiguity in requirements specification (Ambiguidade na especificação de requisitos). Perspectives on Software Requirements, 7-44.

Bloch, M., Blumberg, S., & Laartz, J. (2012). Delivering large-scale IT projects on time, on budget, and on value. Harvard Business Review, 5(1), 2-7.

Boehm, B. (2006). Algumas tendências e implicações futuras para os processos de engenharia de sistemas e software. Engenharia de Sistemas, 9(1), 1-19.

Boehm, B. W. (1984). Verificação e validação de requisitos de software e especificações de design. IEEE Software, 1(1), 75-88. https://doi.org/10.1109/MS.1984.233702 Bogetoft, P. (2013). Benchmarking de desempenho: Medir e gerir o desempenho.

Springer Science & Business Media.

Bradley, G. (2016). Gestão da realização de benefícios: Um guia prático para obter benefícios através da mudança. CRC Press.

Broekhuizen, H., Groothuis-Oudshoorn, C. G. M., van Til, J. A., Hummel, J. M.,

& IJzerman,

M. J. (2015). Uma revisão e classificação das abordagens para lidar com a incerteza em

análise de decisão multicritério para decisões no domínio dos cuidados de saúde.

Farmacoeconomia, 33, 445- 455.

BSA, S. O. T. L. C. (2016). BSA. Aliança de Software.

Orçamento, I. U. (2016). Orçamento 2017-2018. Execução dos anúncios orçamentais, 2017,

Bukhsh, F. A., Bukhsh, Z. A., & Daneva, M. (2020). Uma revisão sistemática da literatura sobre técnicas de priorização de requisitos e sua avaliação empírica. Computer Standards & Interfaces, 69, 103389.

Bulling, K. (2018). Mudança Organizacional e Gestão da Mudança: Fenómeno, Tarefa e Abordagens. julho de 2021, 29-91. https://doi.org/10.1007/978-3-658-24908-3_2

Bullinger, H. J., Neuhuttler, J., Nagele, R., & Woyke, I. (2017, julho). Desenvolvimento colaborativo de modelos de negócios em ecossistemas de serviços inteligentes. Em 2017, Conferência Internacional de Portland sobre Gestão de Engenharia e Tecnologia (PICMET) (pp. 1-9). IEEE.

Calvo-Mora, A., Navarro-García, A., & Periañez-Cristobal, R. (2015). Projeto para melhorar a gestão do conhecimento e os principais resultados do negócio através do modelo de excelência EFQM. Revista Internacional de Gestão de Projectos, 33(8), 1638-1651.

Carvalho, M. M. de, & Rabechini Junior, R. (2015). Impacto da gestão de riscos no desempenho de projetos: a importância dos soft skills. International Journal of Production Research, 53(2), 321-340.

Cataldo, M., Wagstrom, P. A., Herbsleb, J. D., & Carley, K. M. (2006). Identificação dos requisitos de coordenação: Implications for the design of collaboration and awareness tools. Actas da Conferência do 20º Aniversário de 2006 sobre Trabalho Cooperativo Apoiado por Computador, 353-362.

Chakraborty, C., & Jayachandran, C. (2001). Software sector: Trends and constraints.

Economic and Political Weekly, 3255-3261.

Chakraborty, S., Sarker, S., & Sarker, S. (2010). An exploration into the process of requirements elicitation: A grounded approach. Journal of the Association for Information Systems, 11(4), 1.

Chen, Y., Argentinis, J. D. E., & Weber, G. (2016). IBM Watson: como a computação cognitiva pode ser aplicada aos desafios de big data na pesquisa em ciências da vida. Clinical Therapeutics, 38(4), 688-701.

Chitchyan, R., & Rashid, A. (2006). Semântica de interdependência de requisitos de rastreamento. Aspectos iniciais.

Chua, B. B., & Verner, J. (2010). Examining requirements change rework effort: Um estudo.

ArXiv Preprint ArXiv:1007.5126.

Cioffi, R., Travaglioni, M., Piscitelli, G., Petrillo, A., & De Felice, F. (2020). Aplicações de inteligência artificial e aprendizagem automática na produção inteligente: Progress, trends, and diretions. Sustentabilidade, 12(2), 492.

Crawford, J. K. (2021). Modelo de maturidade da gestão de projectos. CRC Press.

Crowder, J. A., & Friess, S. (2015). Gestão ágil de projectos: gerir para o sucesso.

Cuevas, A., Febrero, M., & Fraiman, R. (2004). Um teste anova para dados funcionais.

Estatística Computacional e Análise de Dados, 47(1), 111-122.

Curcio, K., Navarro, T., Malucelli, A., & Reinehr, S. (2018). Engenharia de requisitos: Um estudo de mapeamento sistemático no desenvolvimento ágil de software. Revista de Sistemas e Software, 139, 32-50.

Czabanski, R., Jezewski, M., & Leski, J. (2017). Introdução aos sistemas fuzzy. Em Teoria e
Aplicações de números difusos ordenados (pp. 23-43). Springer, Cham.

Dahiya, O., & Solanki, K. (2021). Uma técnica eficiente de priorização de casos de teste baseada em requisitos usando a abordagem TFC-SVM otimizada. Jornal Internacional de Tendências e Tecnologia de Engenharia, 69(1), 5-16. https://doi.org/10.14445/22315381/IJETT- V69I1P202

Dahlstedt, Å. G., & Persson, A. (2005). 05 Interdependências de requisitos: State of the Art and Future Challenges. Engineering and Managing Software Requirements, 95-116.

Dalenogare, L. S., Benitez, G. B., Ayala, N. F., & Frank, A. G. (2018). A contribuição esperada das tecnologias da Indústria 4.0 para o desempenho industrial. Jornal internacional de economia da produção, 204, 383-394.

Das, C. P. (2017). Make in India - uma análise do sector das TI. Splint International Journal of Professionals, 4(3), 69-74.

Dasanayake, S., Aaramaa, S., Markkula, J., & Oivo, M. (2019). Impacto da volatilidade dos requisitos na arquitetura de software: Como é que as equipas de software acompanham os requisitos em constante mudança? Journal of Software: Evolution and Process, 31(6), 1-21. https://doi.org/10.1002/smr.2160

Davis, A. M., & Park, S. (2008). Mudança de requisitos: What' s the Alternative? 635–638. https://doi.org/10.1109/COMPSAC.2008.216

Davis, A., Overmyer, S., Jordan, K., Caruso, J., Dandashi, F., Dinh, A., Kincaid, G., Ledeboer, G., Reynolds, P., & Sitaram, P. (1993). Identificar e medir a qualidade numa especificação de requisitos de software. [1993] Proceedings First International Software Metrics Symposium, 141-152.

de Araújo Lima, P. F., Crema, M., & Verbano, C. (2020). Gestão de riscos em PMEs: Um
revisão sistemática da literatura e direcções futuras. European Management

Journal, 38(1), 78-94.

De Bruyne, M. J., Moens, E., & Vanhoucke, M. (2021). RECUPERAÇÃO DE PROJECTOS: PROJECTO

FALHAS E COMO SE LIVRAR DELAS. Jornal de Gestão Moderna de Projectos, 9(1).

Deelstra, S., Sinnema, M., & Bosch, J. (2005). Derivação de produtos em famílias de produtos de software: um estudo de caso. Journal of Systems and Software, 74(2), 173-194.

Denger, C., Berry, D. M., & Kamsties, E. (2003). Especificações de requisitos de maior qualidade através de padrões de linguagem natural. Actas do Simpósio de Segurança e Privacidade de 2003, 80-90.

Dev, H., & Awasthi, R. (2012). A Systematic Study of Requirement Volatility during Software Development Process (Um estudo sistemático da volatilidade dos requisitos durante o processo de desenvolvimento de software). International Journal of Computer Science Issues, 9(2), 527-533.

Dhingra, S., Savithri, G., Madan, M., & Manjula, R. (2016). Seleção de técnica de priorização para requisito de software usando Lógica Fuzzy e Árvore de Decisão. 2016 Conferência Internacional Online sobre Engenharia e Tecnologias Verdes (IC-GET), 1-11.

Doloi, H., Sawhney, A., & Iyer, K. C. (2012). Modelo de equação estrutural para investigar os factores que afectam o atraso em projectos de construção indianos. Construction Management and Economics, 30(10), 869-884.

Dongare, A. D., Kharde, R. R., & Kachare, A. D. (2012). Introdução à rede neural artificial. Jornal Internacional de Engenharia e Tecnologia Inovadora (IJEIT), 2(1), 189-194.

Dusire, S., Flynn, M., & Dardenne, N. (2002). Engenharia de requisitos - aplicação da teoria à realidade. Actas da Conferência Internacional Conjunta do IEEE sobre Engenharia de Requisitos,

300.

Ebad, S. A. (2017). Para medir a volatilidade dos requisitos de software: Uma análise retrospetiva. Jornal malaio de ciência da computação, 30(2), 99-116.

Eiu. (2015). Um resumo do ranking de habitabilidade e visão geral de agosto de 2015. Relatório de síntese do Liveability Ranking 2015, 1, agosto de 2015, 1-17.

El Khatib, M., Kherbash, A., Al Qassimi, A., & Al Mheiri, K. (2022). Como o trabalho colaborativo e os sistemas colaborativos podem impulsionar a excelência operacional na gestão de projetos? Journal of Service Science and Management, 15(3), 297-307.

Eweje, J., Turner, R., & Müller, R. (2012). Maximizar o valor estratégico dos megaprojectos: The influence of information-feed on decision-making by the project manager. Jornal Internacional de Gestão de Projectos, 30(6), 639-651.

Faisal, M., Beg, R., & Sadia, H. (2016). Estrutura de especificação de requisitos estável: Perspetiva de mudança de requisitos. Revista Internacional de Investigação Científica e de Engenharia, Volume 7, Número 10, outubro-2016 7(10), 1342-1347.

Ferreira Martins, H., Carvalho de Oliveira Junior, A., Dias Canedo, E., Dias Kosloski, R. A., Ávila Paldês, R., & Costa Oliveira, E. (2019). Design thinking: Desafios para a elicitação de requisitos de software. Informação, 10(12), 371.

Ferreira, S., Collofello, J., Shunk, D., & Mackulak, G. (2009). The Journal of Systems and Software Understanding the effects of requirements volatility in software engineering by using analytical modeling and software process simulation. The Journal of Systems & Software, 82(10), 1568-1577. https://doi.org/10.1016/j.jss.2009.03.014

Foss, B., Stone, M., & Ekinci, Y. (2008). What makes for CRM system success- Or failure?

Journal of Database Marketing & Customer Strategy Management, 15, 68-78. Fundação, I. B. E. (2018). IBEF

Frefer, A. A., Mahmoud, M., Haleema, H., & Almamlook, R. (2018). Visão geral dos critérios de sucesso e fatores críticos de sucesso na gestão de projetos. Engenharia e Gestão Industrial, 7(1), 1-6.

Fu, Y., Li, M., & Chen, F. (2012). Propagação de impacto e avaliação de risco de mudanças de requisitos para projetos de desenvolvimento de software com base na matriz de estrutura de design. Revista Internacional de Gestão de Projectos, 30(3), 363-373.

Ganesan, L., & Veena, R. S. (2018). Make in India'for healthcare sector in India: a SWOT analysis on current status and future prospects. Revista Internacional de Ciências da Saúde e Investigação, 5(1), 70-76.

Gao, J., Zhang, L., Zhao, F., & Zhai, Y. (2019). Pesquisa sobre classificação de defeitos de software. 2019 IEEE 3ª Conferência de Tecnologia da Informação, Redes, Controle Eletrônico e Automação (ITNEC), 748-754.

Garg, U., & Singhal, A. (2017). Priorização de requisitos de software com base em requisitos não funcionais. 2017 7ª Conferência Internacional sobre Computação em Nuvem, Ciência de Dados e Engenharia-Confluência, 793-797.

Gereffi, G., & Fernandez-Stark, K. (2016). Análise da cadeia de valor global: uma cartilha.

Ghazi, A. N., Petersen, K., Reddy, S. S. V. R., & Nekkanti, H. (2018). Pesquisa de pesquisa em engenharia de software: Problemas e estratégias de mitigação. IEEE Access, 7, 24703-24718. Ghosh, S. M., Sharma, H. R., & Mohabay, V. (2011). Software change management-

Dimensão tecnológica. International Journal of Smart Home, 5(2), 29-36.

Ghosh, S. M., Sharma, H. R., & Mohabay, V. (2011). Estudo da Análise de Impacto da Mudança de Requisito de Software no SAP ERP. Revista Internacional de Ciência Avançada e

Tecnologia, 33, 95-100.

Giray, G. (2021). Uma perspetiva de engenharia de software sobre sistemas de aprendizagem automática de engenharia: Estado da arte e desafios. Journal of Systems and Software, 180, 111031.

Goguen, J. A., & Linde, C. (1993, janeiro). Techniques for requirements elicitation. In [1993] Proceedings of the IEEE International Symposium on Requirements Engineering (pp. 152-164). IEEE.

Goknil, A., Kurtev, I., Berg, K. Van Den, & Spijkerman, W. (2014). Análise de impacto de mudança para requisitos: Uma abordagem de metamodelagem. Information and Software Technology, 56(8), 950-972. https://doi.org/10.1016/j.infsof.2014.03.002

GOV, B. H. (2016). Falha do sítio Web Healthcare.gov: A Critical Incident Examplar. Revista de Casos sobre Tecnologia da Informação, 18(1).

Goyal, S. (2022, março). Estimativa de esforço de software eficaz usando conjunto empilhado heterogêneo. Em 2022 Conferência Internacional IEEE sobre Processamento de Sinais, Informática, Comunicação e Sistemas de Energia (SPICES) (Vol. 1, pp. 584-588). IEEE.

Greer, D., Bustard, D. W., & Sunazuka, T. (1999). Priorização de mudanças no sistema usando avaliações de custo-benefício e risco. Actas do Simpósio Internacional do IEEE sobre Engenharia de Requisitos (Cat. No. PR00188), 180-187.

Grieskamp, W., Gurevich, Y., Schulte, W., & Veanes, M. (2002). Geração de máquinas de estados finitos a partir de máquinas de estados abstractas. Actas do Simpósio Internacional ACM SIGSOFT de 2002 sobre teste e análise de software,

112-122.

Guevara-Vega, C. P., Guzmán-Chamorro, E. D., Guevara-Vega, V. A., Andrade, A. V. B., & Quiña-Mera, J. A. (2019). Automação da gestão de requisitos funcionais e o impacto em projetos de software: estudo de caso no equador. Tecnologia e Sistemas de Informação:

Actas do ICITS 2019, 317-324.

Gupta, S. D., Raychaudhuri, A., & Haldar, S. K. (2018). Tecnologia da informação e rentabilidade: evidências do setor bancário indiano. Jornal Internacional de Mercados Emergentes.

Habumugisha, F. (2022). Máquina de venda automática de tempo de antena inteligente: Case study Nyamasheke district, Nyabitekeri Setor (Dissertação de doutoramento, Faculdade de Ciências e Tecnologia).

Hafeez, Y., Riaz, M., Asghar, S., Naz, H., Gilani, S. M. M., Batool, A., Ahmed, M., & Hassan,

M. S. (2012). Uma estrutura de gerenciamento de mudanças de requisitos para ambiente de software distribuído. Actas - 2012 7th International Conference on Computing and Convergence Technology (ICCIT, ICEI and ICACT), ICCCT 2012, 944-948. http://www.scopus.com/inward/record.url?eid=2-s2.0-84881155258&partnerID=40&md5=e6ab62a5759b0c5a571fb84199bb8ea7

Haleem, M., & Beg, M. R. (2015). Análise de impacto de métricas de requisitos em ambiente de desenvolvimento de software. 2015 IEEE International Conference on Electrical, Computer and Communication Technologies (ICECCT), 1-6.

Haleem, M., & Farooqui, F. (2019). Uma análise crítica da falha do produto de software: Uma perspetiva indiana e global. 8958(6), 106–113. https://doi.org/10.35940/ijeat.C5941.088619

Haleem, M., & Farooqui, F. (2021). Jornal Internacional de Computação Cognitiva em Engenharia Validação do impacto cognitivo da incerteza de requisitos no desenvolvimento de projetos de software. Jornal Internacional de Computação Cognitiva em Engenharia, 2 (outubro de 2020), 1-11. https://doi.org/10.1016/j.ijcce.2020.12.002

Haleem, M., & Farooqui, F. (2021). Jornal Internacional de Computação Cognitiva em Engenharia Lidando com a Incerteza de Requisitos em Projetos de Software: Um Cognitivo

Abordagem. International Journal of Cognitive Computing in Engineering, 2(outubro), 180-190. https://doi.org/10.1016/j.ijcce.2021.10.003

Hamraz, B., Caldwell, N. H. M., Wynn, D. C., & Clarkson, P. J. (2013). Desenvolvimento baseado em requisitos de um método melhorado de gestão de mudanças de engenharia. Journal of Engineering Design, 24(11), 765-793.

Hassine, J., Rilling, J., Hewitt, J., & Dssouli, R. (2005). Análise de impacto de mudanças para evolução de requisitos usando mapas de casos de uso. Oitavo Workshop Internacional sobre Princípios de Evolução de Software (IWPSE'05), 81-90.

Hastie, S., & Wojewoda, S. (2015). Standish group 2015 chaos report-q&a com jennifer lynch.

Hecht-Nielsen, R. (1992). Teoria da rede neural backpropagation. Em Neural networks for perception (pp. 65-93). Academic Press.

Heck, P., & Zaidman, A. (2018). Uma revisão sistemática da literatura sobre critérios de qualidade para especificações de requisitos ágeis. Software Quality Journal, 26, 127-160.

Hinton, G. (2007, dezembro). Como fazer backpropagation num cérebro. Em palestra convidada no

Workshop de aprendizagem profunda NIPS'2007 (Vol. 656, pp. 1-16).

Hoda, R., Salleh, N., Grundy, J., & Tee, H. M. (2017). Revisões sistemáticas da literatura no desenvolvimento ágil de software: A tertiary study. Tecnologia da Informação e Software, 85, 60- 70.

Hogan, A., & Roberts, B. (2015). Projecções de emprego ocupacional até 2024. Monthly Lab.

Rev., 138, 1.

Hotomski, S., & Glinz, M. (2018). Um estudo qualitativo sobre o uso do GuideGen para manter os requisitos e testes de aceitação alinhados. 2018 IEEE 26ª Conferência Internacional de Engenharia de Requisitos (RE), 29-39.

Hourani, H., Abdallah, M., & Tamimi, A. (2019). 7E: Uma proposta de modelo de gerenciamento de mudanças integrado ao ciclo de vida de desenvolvimento de software. ICIC Express Letters, 13(10), 941-947. https://doi.org/10.24507/icicel.13.10.941

Hoy, Z., & Xu, M. (2023). Desafios-Soluções da Engenharia de Requisitos de Software Ágil

- Um quadro concetual a partir de uma revisão sistemática da literatura.

Hudaib, A., Masadeh, R., Qasem, M. H., & Alzaqebah, A. (2018). Técnicas de priorização de requisitos Comparação. Moderno Aplicada Science, 12(2), 62. https://doi.org/10.5539/mas.v12n2p62

Hudda, S., Mahajan, R., & Chopra, S. (2016). Priorização de histórias de usuários em ambiente ágil. Jornal Indiano de Ciência e Tecnologia, 9(10.17485).

Hughes, I., & Hase, T. (2010). Measurements and their uncertainties: a practical guide to modern error analysis (Medições e suas incertezas: um guia prático para a análise de erros moderna). OUP Oxford.

Hussain, A., Ahmed, & Baharom, F. (2016). Desafios actuais da gestão da mudança de requisitos. Journal of Telecommunication Electronics and Computer Engineering, 8(10), 173-176. http://journal.utem.edu.my/index.php/jtec/article/view/1390

Hussain, W. (2016). Reflexões sobre a gestão da mudança de requisitos no desenvolvimento global de software: Um estudo de caso múltiplo. Actas - 11.ª Conferência Internacional do IEEE sobre Actas Complementares de Engenharia de Software Global, ICGSEW 2016, 77-79. https://doi.org/10.1109/ICGSEW.2016.25

Hussain, W. (2016). Gestão de Mudanças de Requisitos no Desenvolvimento Global de Software: Um Estudo de Caso no Paquistão. 319.

IBM. (2010). Porquê um caso de negócio para a gestão da mudança.

Sociedade de Computadores IEEE. (1998). Prática recomendada para a especificação de requisitos de software, IEEE Std 830-1993, IEEE Computer Society. Em Software Engineering Standard Committee of the IEEE Std Computer Society: Vol. Revisão o (p. 32).

Imad, A. R., Elbuzidi, K. J. S., & Chan, T. J. (2021). Abordagem de gestão e comunicação de crises: Um caso do Boeing 737 MAX. Journal of Arts and Social Sciences, 4(2), 7-14.

Inayat, I., Salim, S. S., Marczak, S., Daneva, M., & Shamshirband, S. (2015). Uma revisão sistemática da literatura sobre práticas e desafios da engenharia de requisitos ágeis. Computadores em Comportamento Humano, 51, 915-929.

Jaffar, N., Tharim, A. H. A., & Shuib, M. N. (2011). Factores de conflito na indústria da construção: uma revisão da literatura. Procedia Engineering, 20, 193-202.

Jannat, U. K., & Rahman, M. M. (2019). Identificando os conflitos na engenharia de requisitos de software: uma revisão da literatura. Int Res J Eng Technol, 6(12), 1353-1362.

Jayatilleke, S., & Lai, R. (2018). Uma revisão sistemática da gestão da mudança de requisitos.

Information and Software Technology, 93, 163-185.

Jayatilleke, S., Lai, R., & Reed, K. (2017). Um método de análise de mudança de requisitos.

Engenharia de Requisitos, 1-16. https://doi.org/10.1007/s00766-017-0277-7

Jiang, L., Eberlein, A., Far, B. H., & Mousavi, M. (2008). Uma metodologia para a seleção de técnicas de engenharia de requisitos. Software & Systems Modeling, 7, 303-328.

Johnson, J. (2018). Relatório CHAOS: teoria da latência da decisão: é tudo sobre o intervalo. Lulu. com.

Kamalanabhan, T. J., Sai, L. P., & Mayuri, D. (2009). Employee engagement and job satisfaction in the information technology industry. Psychological reports, 105(3), 759- 770.

Karlsson, J., Wohlin, C., & Regnell, B. (1998). Uma avaliação de métodos para priorizar requisitos de software. Information and Software Technology, 39(14-15), 939-947.

Katal, A., & Singh, N. (2022). Rede neural artificial: modelos, aplicações e desafios.

Tendências inovadoras em inteligência computacional, 235-257.

Kaur, G., & Bawa, S. (2013). Uma pesquisa de métodos de priorização de requisitos. International Journal of Engineering Research & Technology (IJERT), 2(5), 958-962.

Kavitha, D. Comprehensive View on Defect Analysis and Change Control Process (Visão abrangente da análise de defeitos e do processo de controlo de alterações). Revista Internacional de Investigação Inovadora em Informática e Tecnologia (IJIRCST) ISSN, 2347-5552.

Kavitha, D., & Sheshasaayee, A. (2012). Volatilidade de requisitos na manutenção de software. Avanços em Ciência da Computação e Tecnologia da Informação. Ciência da Computação e Tecnologia da Informação: Segunda Conferência Internacional, CCSIT 2012, Bangalore, Índia, 2 a 4 de janeiro de 2012. Actas, Parte III 2, 142-150.

Kennerley, M., & Neely, A. (2003). Measuring performance in a changing business environment. International Journal of Operations & Production Management, 23(2), 213- 229.

Kerzner, H. (2014). Recuperação de projectos: Estudos de caso e técnicas para superar o fracasso do projeto. John Wiley & Sons.

Kettinger, W. J., & Grover, V. (1995). Secção Especial: Toward a Theory of Business Process Change Management. Journal of Management Information Systems, 12(1), 9-30. https://doi.org/10.1080/07421222.1995.11518068

Khan, A. A., Basri, S., Dominic, P. D. D., & Fazal-E-Amin. (2012). Um modelo de processo para a gestão de mudanças de requisitos no desenvolvimento de software collocated. 2012 IEEE

Simpósio sobre E-Learning, E-Management e E-Services, IS3e 2012, maio de 2015, 77-82. https://doi.org/10.1109/IS3e.2012.6414949

Khan, A. A., Keung, J. W., Fazal-E-Amin, & Abdullah-Al-Wadud, M. (2017). Spiimm: Em direção a um modelo para implementação e gerenciamento de melhoria de processos de software em software global desenvolvimento de software global. IEEE Access, 5(julho), 13720–13741. https://doi.org/10.1109/ACCESS.2017.2728603

Khan, J. A., Rehman, I. U., Khan, Y. H., Khan, I. J., & Rashid, S. (2015). Comparação de técnicas de priorização de requisitos para encontrar a melhor técnica de priorização. Revista Internacional de Educação Moderna e Ciência da

Computação, 7(11).

Khang, T. D., Vuong, N. D., Tran, M.-K., & Fowler, M. (2020). Algoritmo de agrupamento Fuzzy C-means com múltiplos coeficientes de fuzzificação. Algorithms, 13(7), 158.

Kim, T. K. (2017). Compreendendo a ANOVA unidirecional usando figuras conceituais. Jornal Coreano de Anestesiologia, 70(1), 22-26.

Kitchenham, B., & Brereton, P. (2013). Uma revisão sistemática da pesquisa do processo de revisão sistemática em engenharia de software. Tecnologia da Informação e do Software, 55(12), 2049- 2075.

Ko, Y., Park, S., Seo, J., & Choi, S. (2007). Usando técnicas de classificação para requisitos informais no sistema de suporte à análise de requisitos. Tecnologia da Informação e do Software, 49(11-12), 1128-1140.

Kobayashi, A., & Maekawa, M. (2001). Gestão da mudança de requisitos com base nas necessidades. Actas. Oitava Conferência Internacional Anual do IEEE e Workshop sobre a Engenharia de Sistemas Baseados em Computadores-ECBS 2001, 171-178. https://doi.org/10.1109/ECBS.2001.922419

Kravchenko, T., Bogdanova, T., & Shevgunov, T. (2022). Classificação de requisitos usando a metodologia MoSCoW na prática. Perspectivas Cibernéticas em Sistemas: Actas da 11.ª Conferência Informática em Linha de 2022, Vol. 3, 188-199.

Kulk, G. P., & Verhoef, C. (2008). Quantificação dos efeitos da volatilidade dos requisitos. Science of Computer Programming, 72(3), 136-175.

Kung, D. C., Gao, J., Hsia, P., Wen, F., Toyoshima, Y., & Chen, C. (1994). Identificação do impacto das alterações na manutenção de software orientado para objectos. ICSM, 94, 202-211.

Laplante, P. A., & DeFranco, J. F. (2017). Engenharia de software de sistemas críticos de segurança: Themes from practitioners. IEEE Transactions on Reliability, 66(3), 825-836.

Laplante, P. A., & Kassab, M. H. (2022). Engenharia de requisitos para software e sistemas.

CRC press.

Lapouchnian, A. (2005). Engenharia de requisitos orientada para objectivos: An overview of the current research. Universidade de Toronto, 32.

Lehnert, S. (2011). Uma revisão da análise do impacto da mudança de software.

Leijnen, S., Aldewereld, H., van Belkom, R., Bijvank, R., & Ossewaarde, R. (2020). Uma estrutura ágil para IA confiável. NeHuAI@ ECAI, 75-78.

Letier, E., Stefan, D., & Barr, E. T. (2014). Incerteza, risco e valor da informação em requisitos e arquitetura de software. Proceedings - International Conference on Software Engineering, 1, 883-894. https://doi.org/10.1145/2568225.2568239

Li, B., & Kumar, S. (2022). Gestão de software como serviço: Preços e operações. Gestão da produção e das operações, 31(6), 2588-2608.

Li, L., & Liu, J. (2012). Um quadro de otimização de conceção multidisciplinar eficiente e flexível baseado em serviços Web para sistemas de engenharia complexos. Informação empresarial

Systems, 6(3), 345-371.

Liu, J. Y.-C., Chen, H.-G., Chen, C. C., & Sheu, T. S. (2011). Relationships among interpersonal conflict, requirements uncertainty, and software project performance (Relações entre conflito interpessoal, incerteza de requisitos e desempenho de projectos de software). International Journal of Project Management, 29(5), 547-556.

Loch, C. H., DeMeyer, A., & Pich, M. (2011). Gerir o desconhecido: A new approach to managing high uncertainty and risk in projects. John Wiley & Sons.

Loconsole, A. (2008). Um estudo correlacional sobre quatro medidas de volatilidade de requisitos. Actas da 12ª Conferência Internacional sobre ..., 1-5. http://www.bcs.org/upload/pdf/ewic_ea08_paper18_1.pdf

Loconsole, A. (2008). Construção e validação de modelos de previsão para o número de alterações de requisitos. Revista Internacional de Educação em Engenharia, 17, 489-492.

Lu, D., Mausel, P., Brondizio, E., & Moran, E. (2004). Técnicas de deteção de alterações.

International Journal of Remote Sensing, 25(12), 2365-2401.

Malaiya, Y. K., & Denton, J. (1998). Estimando a densidade de defeitos usando cobertura de teste. Rapport Technique CS-98-104, Universidade Estadual do Colorado, 6.

Malik, Anurag Pillai, A. S. G. (2018). Futuro dos empregos na Índia. Ey Future Jobs of India, I(2), 35-

36. https://www.ey.com/Publication/vwLUAssets/ey-future-of-jobs-in-india/$FILE/ey- future-of-jobs-in-india.pdf

Malinka, C., von Jan, U., & Albrecht, U.-V. (2022). Priorização de princípios de qualidade para aplicativos de saúde usando o modelo kano: Estudo de inquérito. JMIR MHealth e UHealth, 10(1), e26563.

Marques, J., & Yelisetty, S. (2019). Uma Análise das caraterísticas de especificação de requisitos de software em ambientes regulados. Revista de Engenharia de Software &

Applications (IJSEA), 10(6), 1-15.

McGee, S., & Greer, D. (2012). Towards an understanding of the causes and effects of software requirements change: two case studies. Requirements Engineering, 17, 133-155.

Medsker, L. R., & Bailey, D. L. (2020). Modelos e diretrizes para a integração de sistemas especializados e redes neuronais. Em Arquiteturas híbridas para sistemas inteligentes (pp. 153-171). CRC Press.

Messner, W. (2013). Effect of organizational culture on employee commitment in the Indian IT services sourcing industry. Journal of Indian Business Research, 5(2), 76-100.

Milne, G. (2007). Gestão da mudança. Hydrocarbon Engineering, 12(10 SUPPL.), 319-323. Mkpojiogu, E. O. C., & Hashim, N. L. (2016). Compreender a relação entre o modelo de Kanocliente satisfação do modelo Kano e auto-declarados requisitos importância. SpringerPlus, 5(1), 1-22.

Mohagheghi, P., & Conradi, R. (2004). Um estudo empírico da mudança de software: origem, taxa de aceitação e atributos de funcionalidade vs. qualidade. Actas. Simpósio Internacional de Engenharia de Software Empírica 2004, 2004. ISESE'04., 7-16.

Mohagheghi, P., & Dehlen, V. (2008). Desenvolvimento de um quadro de qualidade para a engenharia orientada por modelos. Modelos em Engenharia de Software: Workshops e Simpósios no MoDELS 2007, Nashville, TN, EUA, 30 de setembro a 5 de outubro de 2007, Reports and Revised Selected Papers 10, 275-286.

Mohan, K., Xu, P., Cao, L., & Ramesh, B. (2008). Melhorar a gestão da mudança no desenvolvimento de software: Integrando a rastreabilidade e a gestão da configuração do software. Decision Support Systems, 45(4), 922-936.

Mrkvicka, T., Myllymaki, M., Jilek, M., & Hahn, U. (2016). Um teste ANOVA unidirecional para dados funcionais com interpretação gráfica. ArXiv Preprint ArXiv:1612.03608.

Mueller, M. (2018). O estado do sector indiano das TIC. Inovação empresarial e estratégias de TIC, 239.

Mukul, K., & Mishra, R. (2022). Dilema de gerenciamento de projetos na Alpha Tech

Solutions Private Limited. Publicações SAGE: SAGE Business Cases Originals.

Mullarkey, M. T., & Hevner, A. R. (2019). Um modelo elaborado de processo de pesquisa de design de ação. Revista Europeia de Sistemas de Informação, 28(1), 6-20.

Muqeem, M., & Beg, M. R. (2014). Validação da estrutura de elicitação de requisitos usando máquina de estado finito. Conferência Internacional de 2014 sobre Controlo, Instrumentação, Comunicação e Tecnologias Computacionais (ICCICCT), 1210-1216.

Muqeem, M., Sultan, A., Nazeer, J., Farooqui, M. F., & Alam, A. (2022). Seleção de técnicas de elicitação de requisitos: uma abordagem baseada em redes neurais. Revista Internacional de Informática Avançada e Aplicações, 13(1).

Nadeem, R., Amir Latif, R. M., Hussain, K., Jhanjhi, N. Z., & Humayun, M. (2022). Uma estrutura flexível para gerenciamento de requisitos (FFRM) da arquitetura de software para uma estrutura ágil distribuída. Ciência da Computação Aberta, 12(1), 364-377.

Nasir, M. H. N. M., & Sahibuddin, S. (2011). Abordagem de um fator crítico de sucesso para projectos de software: A multi-round delphi study of TSP. International Journal of Physical Sciences, 6(5), 1213-1232. https://doi.org/10.5897/IJPS11.092

Nasirzadeh, F., Khanzadi, M., & Rezaie, M. (2014). Modelagem dinâmica da alocação quantitativa de riscos em projetos de construção. International Journal of Project Management, 32(3), 442-451.

Niazi, M., Mahmood, S., Alshayeb, M., Riaz, M. R., Faisal, K., Cerpa, N., Khan, S. U., & Richardson, I. (2016). Desafios da gestão de projectos no desenvolvimento global de software: Uma análise cliente-fornecedor. Tecnologia da Informação e do Software, 80, 1-19.

Nicolás, J., & Toval, A. (2009). Sobre a geração de especificações de requisitos a partir de modelos de engenharia de software: Uma revisão sistemática da literatura. Tecnologia da Informação e do Software, 51(9), 1291-1307.

Nisar, T. M., & Prabhakar, G. (2017). Que factores determinam a satisfação eletrónica e os gastos dos consumidores no comércio eletrónico a retalho? Journal of retailing and consumer services, 39, 135- 144.

Nizami, N., Tripathi, T., & Mohan, M. (2022). Transforming Skill Gap Crisis into Opportunity for Upskilling in India's IT-BPM Setor. The Indian Journal of Labour Economics, 65(3), 845-862.

Nolan, A. J., Abrahão, S., Clements, P., & Pickard, A. (2011). Gerir a incerteza dos requisitos no desenvolvimento de sistemas de controlo de motores. 2011 IEEE 19th International Requirements Engineering Conference, 259-264.

Nurmuliani, N., Zowghi, D., & Powell, S. (2004). Análise da volatilidade dos requisitos durante o ciclo de vida do desenvolvimento de software. Conferência Australiana de Engenharia de Software 2004. Proceedings., 28–37. https://doi.org/10.1109/ASWEC.2004.1290455

Nurmuliani, N., Zowghi, D., & Williams, S. P. (2006). Requirements Volatility and Its Impact on Change Effort: Evidence Based Research in Software Development Projects". Proc. Workshop australiano sobre engenharia de requisitos (AWRE 2006), Adelaide, Austrália. Workshop Australiano Workshop sobre Engenharia Engenharia de Requisitos, junho de 2014. http://www.researchgate.net/publication/228946043_Requirements_volatility_and_its_i mpact_on_change_effort_Evidence_based_research_in_software_development_p rojects/

file/9c960520ecb3089ce7.pdf

O'Mahony, N., Campbell, S., Carvalho, A., Harapanahalli, S., Hernandez, G. V., Krpalkova, L., Riordan, D., & Walsh, J. (2020). Aprendizagem profunda vs. visão computacional tradicional. Avanços na visão computacional: Anais da Conferência de Visão Computacional de 2019 (CVC), Volume 1 1, 128-144.

Olaronke, I., Rhoda, I., & Ishaya, G. (2018). Uma avaliação das técnicas de priorização de requisitos de software. Jornal Asiático de Pesquisa em Ciência da Computação, 1(1), 1-16.

Paetsch, F., Eberlein, A., & Maurer, F. (2003). Engenharia de requisitos e desenvolvimento ágil de software. WET ICE 2003. Actas. Décimo segundo IEEE International Workshops on Enabling Technologies: Infraestrutura para Empresas Colaborativas, 2003, 308-313.

Palmer, J. D. (1987). Incerteza nos requisitos de software. Large Scale Systems in Information and Decision Technologies, 12(3), 257-270.

Pandey, P., e Pandey, M.M. 2021. Ferramentas e técnicas de metodologia de investigação. Centro de Bridge.

Pandey, D., Suman, U., & Ramani, A. K. (2010). Um modelo de processo de engenharia de requisitos eficaz para o desenvolvimento de software e a gestão de requisitos. 2010 International Conference on Advances in Recent Technologies in Communication and Computing, 287-291.

Park, S., Maurer, F., Eberlein, A., & Fung, T.-S. (2010). Atributos de requisitos para prever defeitos relacionados a requisitos. Actas da Conferência de 2010 do Centro de Estudos Avançados em Investigação Colaborativa, 42-56.

Pastor, O. (2019). Design Science para Investigação de Doutoramento no Domínio da Engenharia de Software. ACM SIGSOFT Software Engineering Notes, 44(3), 22-22.

https://doi.org/10.1145/3356773.3372314

Pedersen, S. N., Christensen, M. E., & Howard, T. J. (2016). Especificação de requisitos de design robusto: Um método quantitativo para o desenvolvimento de requisitos usando funções de perda de qualidade. Journal of Engineering Design, 27(8), 544-567.

Phillips, J., & Klein, J. D. (2023). Change Management: From Theory to Practice. TechTrends, 67(1), 189-197. https://doi.org/10.1007/s11528-022-00775-0

Pinheiro de Almeida, J., Vincent, J.-L., Barbosa Gomes Galas, F. R., Pinto Marinho de Almeida, E., Fukushima, J. T., Osawa, E. A., Bergamin, F., Lee Park, C., Nakamura, R. E., & Fonseca, S. M. R. (2015). Necessidades transfusionais em pacientes oncológicos cirúrgicos: um estudo prospetivo, randomizado e controlado. Anesthesiology, 122(1), 29-38.

Qazi, A., Quigley, J., Dickson, A., & Kirytopoulos, K. (2016). Complexidade do Projeto e Gestão do Risco (ProCRiM): Towards modelling project complexity driven risk paths in construction projects. Jornal Internacional de Gestão de Projectos, 34(7), 1183-1198.

Raharjo, T., & Purwandari, B. (2020). Desafios de gerenciamento de projetos ágeis e soluções de mapeamento: Uma revisão sistemática da literatura. Anais da 3ª Conferência Internacional de Engenharia de Software e Gestão da Informação, 123-129.

Ramzan, S., & Ikram, N. (2005, agosto). Tomada de decisão na gestão da mudança de requisitos. In 2005 International Conference on Information and Communication Technologies (pp. 309-312). IEEE.

Rivera-Ruiz, I., & Ferrer-Moreno, E. (2015). A relação entre liderança estratégica, infraestrutura humana de TI, gerenciamento de projetos, sucesso do projeto e desempenho da empresa. Revista Internacional de Informação, Negócios e

Gestão, 7(2), 77.

Rosemann, M., & vom Brocke, J. (2014). Os seis elementos centrais do processo empresarial
gestão. In Handbook on business process management 1: introduction, methods, and information systems (pp. 105-122). Springer.

Ross, T. J. (2000). Membership functions, fuzzification and defuzzification. Fuzzy Systems in Medicine, 48-77.

Ruby, & Balkishan. (2015). Papel da Lógica Fuzzy na Priorização de Requisitos. Revista Internacional de Pesquisa Inovadora em Ciência, Engenharia e Tecnologia, 4(6), 4290- 4297. https://doi.org/10.15680/IJIRSET.2015.0406099

Sadia, H., Abbas, S. Q., & Faisal, M. (2019). Priorização de requisitos voláteis: Uma abordagem baseada em fuzzy. Jornal Internacional de Engenharia e Tecnologia Avançada, 8(5), 2467- 2472.

Sadiq, M. (2017). Uma abordagem baseada em conjuntos fuzzy para a priorização das partes interessadas com base na importância dos requisitos de software. IETE Journal of Research, 63(5), 616-629.

Sadiq, M., & Jain, S. K. (2014). Aplicando a relação de preferência fuzzy para priorização de requisitos no processo de elicitação de requisitos orientados a objetivos. International Journal of System Assurance Engineering and Management, 5(4), 711-723. https://doi.org/10.1007/s13198-014-0236-3

Saleem, H., & Burney, S. A. (2019). Impondo rastreabilidade de software e gerenciamento de configuração para tolerância a mudanças na produção de software. IJCSNS-International Journal of Computer Science and Network Security (ISSN: 1738-7906), 19(1), 145-154.

Samset, K., & Volden, G. H. (2016). Definição frontal de projectos: Dez paradoxos e algumas reflexões sobre gestão de projetos e governança de projetos. Revista Internacional de Gestão de Projectos, 34(2), 297-313.

Saranya, R. (2014). Pesquisa sobre medidas de segurança da engenharia de requisitos de software.
Jornal Internacional de Aplicações Informáticas, 90(17).

Scacchi, C. C. O., González-García, S., Caserini, S., & Rigamonti, L. (2010). Emissões de gases de efeito estufa e uso de energia de misturas de bioetanol combustível à base de grãos de trigo. Science of the Total Environment, 408(21), 5010-5018.

Sen, A. M., & Hemachandran, K. (2010). Elicitação de objectivos na engenharia de requisitos utilizando métodos ágeis. 2010 IEEE 34th Annual Computer Software and Applications Conference Workshops, 263-268.

Shafiq, M., Zhang, Q., Akbar, M. A., Khan, A. A., Hussain, S., Amin, F. E., ... & Soofi, A. A. (2018). Efeito do gerenciamento de projetos nos processos de engenharia de requisitos e gerenciamento de mudanças de requisitos para o desenvolvimento global de software. IEEE Access, 6, 25747- 25763.

Shahi, M. N. S., Muhaimin, S. S., Nishat, M. M., Faisal, F., & Motahar, M. S. B. (2022, agosto). Controle automatizado de acesso e saída de veículos: Um sistema de gerenciamento de estacionamento inteligente usando máquina de estado finito em VHDL. Em 2022 Congresso de Pesquisa, Invenção e Inovação: Elétricos e eletrônicos inovadores (RI2C) (pp. 170-177). IEEE.

Shameem, M., Chandra, B., Kumar, C., & Khan, A. A. (2018). Compreender as relações entre a incerteza dos requisitos e a natureza dos conflitos: um estudo da eficácia da equipa de desenvolvimento de software. Arabian Journal for Science and Engineering, 43, 8223-8238.

Shapiro, R. J. (2014). The U.S. Software Industry as an Engine for Economic Growth and Employment. SSRN Electronic Journal, setembro. https://doi.org/10.2139/ssrn.2541673 Shenhar, A. J., Dvir, D., Levy, O., & Maltz, A. C. (2001). Project success: a multidimensional
conceito estratégico. Long Range Planning, 34(6), 699-725.

Sher, F., Jawawi, D. N. A., Mohamad, R., & Babar, M. I. (2014). Priorização de requisitos técnicas e diferentes aspectos para priorização um protocolo de revisão sistemática da literatura. 2014 8th. Conferência de Engenharia de Software da Malásia (MySEC), 31-36.

Shim, W. (2019). Um método ágil de representação, organização e (re) priorização de requisitos em uma grande empresa. 2019 IEEE 27ª Conferência Internacional de Engenharia de Requisitos (RE), 464-469.

Sirshar, M., & Mumtaz, M. (2019). Técnicas de gerenciamento de mudanças de requisitos em sistemas de software. December. https://doi.org/10.20944/preprints201912.0145.v1

Smith, D. (2008). Porque é que a maioria dos projectos de TI falham? Não é por causa da tecnologia. Portugal Jornal de Negócios.

Smys, S., Chen, J. I. Z., & Shakya, S. (2020). Pesquisa sobre arquiteturas de redes neurais com aprendizado profundo. Journal of Soft Computing Paradigm (JSCP), 2(03), 186-194.

Sommerville, I. (2011). Engenharia de software (ed.). América: Pearson Education Inc.

Sommerville, I., & Ransom, J. (2005). Um estudo empírico da avaliação e melhoria do processo de engenharia de requisitos industriais. ACM Transactions on Software Engineering and Methodology (TOSEM), 14(1), 85-117.

Sommerville, I., & Sawyer, P. (1997). Viewpoints: princípios, problemas e uma abordagem prática à engenharia de requisitos. Annals of Software Engineering, 3(1), 101-130.

Sommerville, I., Rodden, T., Sawyer, P., Bentley, R., & Twidale, M. (1993). Integração da etnografia no processo de engenharia de requisitos. [1993] Actas do

Simpósio Internacional do IEEE sobre Engenharia de Requisitos, 165-173.

Sony, S., Dunphy, K., Sadhu, A., & Capretz, M. (2021). Uma revisão sistemática das técnicas de avaliação da condição estrutural baseadas em redes neurais convolucionais. Estruturas de Engenharia, 226, 111347.

Stair, R., & Reynolds, G. (2015). Fundamentos dos sistemas de informação. Cengage Learning.

Stålhane, T., Hanssen, G. K., Myklebust, T., & Haugset, B. (2014). Análise de impacto de mudança ágil de software crítico de segurança. Segurança informática, fiabilidade e segurança: Workshops SAFECOMP 2014: ASCoMS, DECSoS, DEVVARTS, ISSE, ReSA4CI,

SASSUR. Florença, Itália, 8-9 de setembro de 2014. Actas 33, 444-454.

Staron, M., e Staron, M. 2020. A investigação-ação como metodologia de investigação em engenharia de software. Investigação-ação. Softw. Eng. Theory Appl.: 15-36. Springer.

Stasis, A., Whyte, J., & Dentten, R. (2013). Uma análise crítica dos processos de controlo da mudança.

Procedia CIRP, 11, 177-182. https://doi.org/10.1016/j.procir.2013.07.053

Stroh, F., Winter, R., & Wortmann, F. (2011). Apoio a métodos de análise de requisitos de informação para sistemas de informação analíticos: State of the Art, Practice Requirements, and Research Agenda. Engenharia de Sistemas de Informação e Negócios, 3, 33-43.

Sucipto, S. (2015). Uma revisão sistemática da literatura sobre engenharia de requisitos para sistemas autoadaptativos. Revista de Engenharia de Software, 1(1), 17-27.

Sudhakar, M. (2005). Gerindo o impacto da volatilidade dos requisitos. Tese de Mestrado: Departamento de Ciências da Computação.

Suradi, N. R. M., Amran, M. F. M., & Jamaluddin, N. A. A. (2015). Um estudo comparativo para identificação de técnicas de priorização para projeto de software. Anais da Conferência de Informática, 1(1), 1-4.

Taki, O., Rhazi, K. S., & Mejdoub, Y. (2023). Otimização de motores Stirling usando algoritmo de redes neurais artificiais. ITM Web of Conferences, 52, 2010.

Tarone, A. M., & Sanford, M. R. (2017). PMI é a hipótese ou a hipótese nula? Jornal de Entomologia Médica, 54(5), 1109-1115.

Taylor, H., Artman, E., & Woelfer, J. P. (2012). Information technology project risk management: bridging the gap between research and practice. Journal of Information Technology, 27(1), 17-34.

Thakurta, R. (2017). Entendendo os artefatos de priorização de requisitos: um estudo de mapeamento sistemático. In Requirements Engineering (Vol. 22, Issue 4, pp. 491-526). https://doi.org/10.1007/s00766-016-0253-7

Thakurta, R., & Ahlemann, F. (2010). Understanding requirements volatility in software projects - An empirical investigation of volatility awareness, management approaches and their applicability. Actas da Conferência Internacional Anual do Havai sobre Ciências de Sistemas, 1-10. https://doi.org/10.1109/HICSS.2010.420

Thayer, R. H. (2002). Engenharia de sistemas de software: Um tutorial. Computer, 35(4), 68-73. Thayer, R. H. (2003). Software engineering glossary. IEEE Software, 20(4), c3.

Thayer, R. H., & Yourdon, E. (1997). Gestão de projectos de engenharia de software. Software Engineering Project Management, 72-104.

Tiwari, S. C., Sayyad, M., Azam, M. S., & Sudesh, N. S. (2023). Determinantes do WCM de empresas indianas listadas: Uma abordagem de regressão GMM. Cogent Economics & Finance, 11(1), 2199550.

Tiwari, S., Rathore, S. S., & Gupta, A. (2012). Seleção de técnicas de elicitação de requisitos para projectos de software. 2012 CSI Sixth International Conference on Software Engineering (CONSEG), 1-10.

Tung, K. T., Hung, N. D., Thi, L., & Hanh, M. (2015). Uma Comparação de Algoritmos utilizados para medir a Similaridade entre dois documentos. abril.

Turner, R. (2016). Gower handbook of project management. Routledge.

Unegbu, H. C. O., Yawas, D. S., & Dan-Asabe, B. (2022). Uma investigação da relação entre as medidas de desempenho do projeto e as práticas de gestão de projectos de projectos de construção para a indústria da construção na Nigéria. Journal of King Saud University- Engineering Sciences, 34(4), 240-249.

ur Rehman, T., Khan, M. N. A., & Riaz, N. (2013). Análise dos processos, ferramentas/técnicas e metodologias de engenharia de requisitos. Revista Internacional de Tecnologia da Informação e Ciência da Computação (IJITCS), 5(3), 40.

Uusitalo, L., Lehikoinen, A., Helle, I., & Myrberg, K. (2015). Uma visão geral dos métodos para avaliar a incerteza dos modelos determinísticos no apoio à decisão. Environmental Modelling & Software, 63, 24-31.

Veer Singh, Y., Kumar, B., & Chand, S. (2019). Uma abordagem híbrida para priorização de requisitos usando LFPP e ANN. Revista Internacional de Sistemas e Aplicações Inteligentes, 11(1), 13-23. https://doi.org/10.5815/ijisa.2019.01.02

Ventures, C. (2017). Relatório sobre empregos na área da cibersegurança. Grupo Herjavec, 1.

Violante, M. G., & Vezzetti, E. (2017). Kano abordagens qualitativas vs quantitativas: Uma estrutura de avaliação para análise de atributos de produtos. Computadores na Indústria, 86, 15-25.

Voola, P., & Babu, A. V. (2012). Abordagem de priorização de incerteza de requisitos: uma nova abordagem para priorização de requisitos. Softw Eng Int J (SEIJ), 2(2), 37-49.

Wahono, R. S. (2003). Analisando problemas de engenharia de requisitos. Workshop IECI Japão, JANEIRO 2003, 55-58.

Wallace, L., Keil, M., & Rai, A. (2004). How software project risk affects project performance: Uma investigação das dimensões do risco e um modelo exploratório. Decision Sciences, 35(2), 289-321.

Wang, W., Dumont, F., Niu, N., & Horton, G. (2020). Detectando vulnerabilidades de segurança de software por meio da análise de dependência de requisitos. IEEE Transactions on Software Engineering, 48(5), 1665-1675.

Ward, S., & Chapman, C. (2011). Como gerir a oportunidade e o risco do projeto: Porque é que a gestão da incerteza pode ser uma abordagem muito melhor do que a gestão do risco. John Wiley & Sons.

Watson, A. (2008). Reflexões sobre a engenharia de requisitos. 8(09), xxxiii-xxxiii. https://doi.org/10.1109/edoc.2008.57

Weber, M., & Weisbrod, J. (2002, setembro). Engenharia de requisitos no desenvolvimento automóvel - experiências e desafios. Em Proceedings IEEE Joint International Conference on Requirements Engineering (pp. 331-340). IEEE.

Wheatcraft, L. S., Ryan, M. J., & Dick, J. (2016). Sobre o uso de atributos para gerenciar requisitos. Engenharia de Sistemas, 19(5), 448-458.

Wiegers, K., & Beatty, J. (2013). Requisitos de software. Pearson Education.

Win, T. Z., Mohamed, R., & Sallim, J. (2020). Priorização de requisitos com base na classificação de requisitos não funcionais usando Hierarchy AHP. Série de conferências IOP: Ciência e Engenharia de Materiais, 769(1). https://doi.org/10.1088/1757- 899X/769/1/012060

Woetzel, J., Madgavkar, A., & Gupta, S. (2017). O mercado de trabalho da Índia: A new emphasis on emprego remunerado. Relatório McKinsey.

Wysocki, R. K. (2010). Gestão eficaz de projectos de software. John Wiley & Sons.

Xiang, Z., Magnini, V. P., & Fesenmaier, D. R. (2015). Tecnologia da informação e comportamento do consumidor em viagens e turismo: Insights from travel planning using the internet. Journal of

Distribuição retalhista e serviços ao consumidor, 22, 244-249.

Yan, Y. (2018). Fatores de conhecimento e modelos de processo de gerenciamento de mudanças de requisitos com base na análise de causalidade. 13(7), 386-394. https://doi.org/10.17706/jsw.13.7.386-394

Yang, H., De Roeck, A., Gervasi, V., Willis, A., & Nuseibeh, B. (2012). Requisitos especulativos: Deteção automática de incerteza em requisitos de linguagem natural. 2012 20ª Conferência Internacional de Engenharia de Requisitos do IEEE (RE), 11-20.

Yin, L., Sun, Q., Tang, D., Xu, Y., & Shao, L. (2022). Gerenciamento de mudanças de engenharia orientado por requisitos no design de produtos. Computers & Industrial Engineering, 168, 108053. https://doi.org/https://doi.org/10.1016/j.cie.2022.108053

Yusuf, Y. Y., Sarhadi, M., & Gunasekaran, A. (1999). Agile manufacturing:: Os drivers, conceitos e atributos. International Journal of Production Economics, 62(1-2), 33-43.

Zowghi, D. (2011). O que é a Volatilidade dos Requisitos e qual o seu Impacto no Desenvolvimento de Software? Em Novas Tendências em Metodologias, Ferramentas e Técnicas de Software (pp. 3- 4). IOS Press.

Zowghi, D., & Nurmuliani, N. (2002). Um estudo do impacto da volatilidade dos requisitos no desempenho do projeto de software. Actas - Conferência de

Engenharia de Software da Ásia-Pacífico, APSEC, 2002-Janua, 3-11. https://doi.org/10.1109/APSEC.2002.1182970

ÍNDICE DE CONTEÚDOS

MIX
Papier aus verantwortungsvollen Quellen
Paper from responsible sources
FSC® C105338

Printed by Books on Demand GmbH, Norderstedt / Germany